子ども家庭福祉入門

芝野松次郎・新川泰弘・宮野安治・山川宏和

［編著］

ミネルヴァ書房

は し が き

　子どもと子育て家庭をめぐる状況は，少子高齢化や核家族化や子育て観の多様化等の影響を受け，大きく変化してきている。今日特徴的に見られることとして，例えば，子育てをしている親が，自分の親や親族からのサポートが得られず，近隣の子育て仲間との交流もなく，地域社会から孤立し，抱え込んだ子育ての不安やストレスが引き金となって，子どもの健やかな育ちを脅かすに至る，ということが挙げられる。それどころか，児童虐待やネグレクト等によって，子どもの生命を危うくする事件もしばしば発生している。問題は深刻であり，喫緊の対応が必要となっている。

　それで，保育所等の子ども家庭福祉施設，それとともに，保育士を始めとした子ども家庭福祉専門職には，これまで以上の機能や役割が求められることになる。そこで，このことに応じるように，2015（平成27）年4月からは，子ども子育て支援新制度に基づいて，新しい子どもの育ちの支援と子育て家庭への支援が始まり，2017（平成29）年3月31日には，保育所保育指針が約10年ぶりに改定された。また，保育士養成課程の見直しもなされ，新しい保育士養成課程が2019（平成31）年度からスタートした。そして，見直し後の新カリキュラムにおいては，「子ども家庭福祉（講義2単位）」という新しい科目が設けられることになったのである。

　本書は，子ども家庭福祉専門職をめざして，「子ども家庭福祉」の理論と実際について，それをこれから学ぼうとする人のために作成されたものである。子ども家庭福祉専門職として子どもと子育て家庭を支援するに当たっては，実に様々な基礎的あるいは専門的な知識や技術が必要となるが，本書では，そうした内容を網羅して取り上げている。また，各章の終わりには，内容の確認・応用・深化のために，「演習問題」を設けている。さらに，これとは別に，子ども家庭福祉にかかわるいくつかの重要なテーマについて，コラム欄で解説するようにしている。

　全編を通して，「子ども家庭福祉の法・制度とソーシャルワークを学ぶ」ということをモットーに，子どもと子育て家庭の支援に関するその分野の専門家が，各章・コラムを執筆担当している。本書により，子ども家庭福祉の制度・理論・実践に関する基礎的および専門的な知識・技術を学ばれ，子ども家庭福祉専門職として将来子どもと子育て家庭を支援する役割を担っていただくことになれば，編者にとって望外の幸せである。

　最後に，本書の出版を快くお引き受けいただいたミネルヴァ書房に，とりわけいろいろとご助言ご援助をいただいた編集部長の浅井久仁人氏に，心より厚くお礼申し上げたいと思う。

編者一同

子ども家庭福祉入門　**目　次**

はしがき

コラム

第1章　超少子高齢社会における子ども家庭福祉

　少子高齢化が顕著となり，子どもとその成長を育む家庭を取り巻く社会経済的環境は一段と厳しさを増している。本章では，そうした環境の中での子どもと子育て家庭が抱える問題の現状と主な法制度対応の経緯を踏まえ，子ども家庭福祉の基本的な視点を確認する。そして，2016（平成28）年に改正された児童福祉法の理念に添う「子ども家庭中心児童福祉サービス」のあり方について考えるとともに，子どもと家庭のニーズとそれを充たす制度・サービスとの関係をよりよくするために役立つソーシャルワーク，言い換えると子どもと親（保護者）と，彼らが生活する環境の一部である制度・サービスとの間のやりとりに介在するソーシャルワークについて考える。

1．超少子高齢社会における子どもと子育て家庭の現状

　人口減少社会が現実のものとなる中で，子どもの成長にとって不可欠な環境としての家庭が脆弱化し，児童虐待や子どもの貧困が大きな社会問題となっている。本節では，こうした子どもと子育て家庭が直面する現状を把握するとともに，超少子高齢社会における子ども家庭福祉を考えるために，単なる少子化対策に留まらず，子育てを社会全体で支えることの必要性，重要性が認識され，基礎自治体において1994（平成6）年にスタートした「エンゼルプラン」，その後幾度かの改正を経て，2003（平成15）年に制定された「次世代育成支援推進法」に基づく「次世代育成支援行動計画」，さらには今日の「子ども・子育て支援新制度」に基づく推進計画へと至る経緯を概観する。

（1）少子化対策としてのエンゼルプランから次世代育成支援行動計画へ

　1990（平成2）年に「1.57ショック」として話題となり，少子化が社会問題化したのは，その前年の合計特殊出生率（一人の女性が出産可能とされる15歳から49歳までの間に出産する子どもの数の平均値を示す統計指標）が1.57となり，それまで最低であった1966（昭和41）年の丙午の年の合計特殊出生率を下回り，戦後最低を記録したためであった。この数字は人口置換水準（長期的に見て人口が増えもしないし減りもしない出生の水準で）である概ね2.07を大きく割り込んだことを示しており，人口減少社会の急速な到来が懸念された。ちなみに，2018（平成30）年の合計特出生率は1.42となる。

厚生労働省が公表した2019（平成31）年に生まれた子どもの数は，86万4千人となり，1899年以降初めて90万人を下回る見通しとなった。出生数から死亡数を引いた人工の自然減は13年連続となり，日本の人口は減少し続けている。

　少子化が社会問題であるとの認識が高まった頃，4省（文部，厚生，労働，建設）の各大臣が合意した少子化対策は「エンゼルプラン」と名付けられた。その施策の中心は「緊急保育対策等5か年事業」で，大蔵省，厚生省，自治省の大臣が，女性の社会進出による保育需要の増加に緊急に対応するためとする事業推進の基本的な考え方を示した。低年齢児（0-2歳児）保育の促進，多様な保育サービス（時間延長型保育，一時的保育，放課後児童クラブ，産後休暇・育児休業明け入所の促進），保育所の多機能化（乳児保育，延長保育，地域の子育てサークル支援等），保育料の軽減，子育てを地域ぐるみで支援する体制の整備（地域子育て支援センター），母子保健医療体制の充実といった今日の子どもと子育て支援の諸サービスの原型が見られる。財源は，5％から8％に引き上げられた消費税の一部とされた。少子化は経済や社会保障などさまざまな社会活動への影響があると考えられ，その原因の一つとして女性の社会進出による晩婚化があるとされた。そして，女性の社会進出と結婚・出産・子育てを両立させるために保育所を増設することとなったといえる。しかし，エンゼルプランは少子化の歯止めとはならず，この緊急保育対策は皮肉なことに，待機児童を増やし，待機児童対策が社会問題化することとなった。

　その後エンゼルプランはほぼ5年ごとに見直され，2000（平成12）年の「新エンゼルプラン」，「少子化社会対策基本法」，「少子化対策プラスワン」へと続く。そして，2003（平成15）年には「次世代育成支援対策推進法」が制定され，待機児童解消のための保育所対策のみならず，男性の育児参加，企業の育児支援，ワークライフバランスのための取り組みなど，安心して子どもを産み，育てることによって次世代を担う喜びを感じることのできる社会を目指して，基礎自治体である市区町村のみならず事業主に「次世代育成支援行動計画」（2005年：平成17年から2015年：平成27年）を策定し，実施することが義務づけられた。その後「子ども・子育て応援プラン」「子ども・子育てビジョン」「待機児童解消加速化プラン」など制度は次々と改正された。

　そして，子どもと子育てを社会全体で支援し，子どもの教育・保育を総合的に提供するとともに，両親がともに働く家庭のみならず，すべての子育て家庭への支援を実現すべく，より包括的な制度が新たに設けられることになる。2012（平成24）年に「子ども・子育て支援関連3法」が成立し，2015（平成27）年より，基礎自治体において設置された「子ども・子育て会議」

で策定された子ども・子育て支援事業計画が実施されることとなり，「子ども・子育て支援新制度」がスタートする。

（2）子ども・子育て支援新制度のねらい

　この新制度の「子ども・子育て支援給付」において一つの柱となる「教育・保育給付」では，従来の保育所，幼稚園に加え，認定こども園や地域型保育（小規模保育など）を設置することによって量を増やし，職員配置を改善し，また職員の資質を高めることによって質を向上させる。すなわち量と質の両面から制度を改善することによって子どもの成長と子育てを社会全体で支える仕組みということになる。新制度のもう一つの柱，地域におけるすべての子育て家庭に対する支援である「地域子ども・子育て支援事業」では，「利用者支援事業」や「地域子育て支援拠点事業」「一時預かり事業」「病児保育事業」「放課後児童クラブ」など，すべての子育て家庭を対象に，ニーズに応じたさまざまなサービスが提供されることになる。

　こうした新制度のねらいは，仕事と子育ての両立を社会全体で支えることはもとより，すべての子育て家庭において子どもの成長と子育てを社会全体が支える持続可能なシステムの整備である。このシステムがうまく機能すれば，次世代を担う子どもの成長を，第一義的に子育ての責任を負う保護者（親）のみならず社会全体が子どもの成長を支えるとともに，子育て家庭を支えることができると考えられている。そして，結果として日本社会が直面し，経済や社会保障，社会的関係性の成長など多岐にわたって影響を及ぼす可能性のある少子化の歯止めや，子育て家庭の健全な子育て機能を損なう児童虐待の予防になり得ると考えられる。

　ここで，上記の「保護者（親）」ということについて，注記的に触れておくと，「保護者」とは，児童福祉法では「親権を行う者，未成年後見人その他の者で，児童を現に監護する者」とされており，子どもを現に監護する者としての里親や施設長なども含まれる。後述する「子ども家庭中心児童福祉サービス」における心理的親を含むと考えられる。「親」という表現を用いる場合は血のつながりのある実親あるいは産みの親としての「生物学的（バイオロジカル）親」を意味する。

2．子ども家庭福祉の基本的な視点──改正児童福祉法の理念と
新しい社会的養育ビジョンを踏まえた「子ども家庭中心児童福祉サービス」

　本節では，前節を受け，さらに2016（平成28）年に児童福祉法の理念が，子どもの権利条約の理念・精神を反映させ，法制定後初めて70年振りに改正

されたことを踏まえ，子ども家庭福祉における「子どもの最善の利益」の考慮や「家庭養育優先」の原則などを理解するとともに，児童虐待対応のための子ども家庭相談の強化や新しい社会的養育ビジョンについても概観しながら，「子ども家庭中心児童福祉サービス」について考える。

（1）2016（平成28）年児童福祉法改正

　子ども・子育て支援新制度がスタートし，事業計画推進が本格化するなか，保育所等に入れない児童，すなわち待機児童の問題は依然として解消されず，保育所に入れなかった母親の悲痛な叫びがマスコミに取り上げられ，国会においても議論されることとなり，待機児童ゼロを目指すべく新制度強化の試みがなされている。児童相談所において対応する児童虐待通告ケースはまさに幾何級数的に増加し，都道府県レベルの児童相談所強化のみならず，市区町村における子ども家庭相談を強化する必要があると考えられるようになった。

　そうしたなか，子どもの権利擁護の立場から子どもが権利の主体であることを認識し，意見表明権をはじめとするさまざまな権利を守るとともに，子どもが育つ安全で安定し，永続きする環境としての家庭での養育（「家庭養育」）の重要性を明確にし，その他の代替養育（施設，里親など）が必要となる場合にも主に子どもの最善の利益を考慮することが必要であると考えられた。こうした状況で，日本が1994年に批准したいわゆる「子どもの権利条約」（児童の権利に関する条約）の精神を反映し，家庭養育優先の重要性を理解した上で，子どもの最善の利益を主として考慮する必要性を明確にしたのが2016（平成28）年の児童福祉法の改正で，第1条及び第2条にこうした理念が明確に示された。

　この児童福祉法の改正を踏まえて，各基礎自治体では子ども・子育て支援事業計画の第1期5年の進捗を評価し，見直されている。そして，新たに調査を行い子育て家庭の教育・保育ニーズや，地域子ども・子育て支援事業において提供される諸サービスに対するニーズを把握することによって，計画の第2期5年の計画策定が行われ，よりニーズに合った質の高いサービスを提供する努力がなされている。

（2）改正児童福祉法と新しい社会的養育ビジョン
──子ども家庭中心児童福祉サービスのあり方

　先述したように，2016（平成28）年の児童福祉法改正（以下，改正児童福祉法）により，児童福祉法の理念が改正され子どもの権利条約の精神を反映したものとなった。子どもが権利の主体であり，支援や保護を必要とする子

どもの人権とその最善の利益を主として考慮しながら，家庭養育の優先を図ることの重要性が明確化された。こうした理念に基づき「新しい社会的養育ビジョン」が2017（平成29）年に示されることとなった。

　新しい社会的養育ビジョンの意義は，改正児童福祉法の理念を具体化するために，基礎自治体が社会的養護の改革に取り組んできた根拠となる2011（平成23）年の「社会的養護の課題と将来像」を抜本的に見直し新しい<u>社会的養育</u>ビジョンを実現するための道筋を明らかにしたところにある。虐待を受けた児童や，何らかの事情で実親によって養育されない児童を含むすべての児童の育ちを保障するという観点から，改正児童福祉法の理念に則り，児童の家庭での養育支援から，家庭に代わる環境での養育（代替養育）までを包括する「<u>社会的養育</u>」として捉え，その充実を図る。そして，家庭養育優先の理念を明確にするとともに，実親による養育が困難な場合には特別養子縁組による永続的解決，すなわち「パーマネンシー」の保障や，里親による養育を推進することが明確にされた。こうした社会的養育の全体像が示されたことは，従来の<u>社会的養護</u>の小手先の改革とは一線を画す画期的なものであるといえる。

　代替養育のうち里親委託率の向上が近年の課題となっている。これは，代替養育を選択せざるを得ない場合にも，できるだけ家庭環境に近い育ちの環境の重要性に鑑みてのことといえる。こうした観点から10年後の家庭外措置児童数に対する里親委託率の目標設定に関心が集まっている。しかし，家庭養育優先の原則の効果があがれば，委託率計算式の母数である家庭外措置児童数が減少することになり，現在と同程度の里親委託児童数であったとしても委託率は上昇する。あえて言えば，里親委託率にこだわることなく，家庭養育優先の原則を実現するために，家庭をどう支援し家庭維持をどのように実現していくかが重要であるということになる。これが子ども家庭福祉の本質ではないだろうか。

　新しい社会的養育ビジョンでは，さらに具体的にその骨格が示されている。2017（平成29）年8月2日に新たな社会的養育の在り方に関する検討会が示した「新しい社会的養育ビジョン」では以下のように述べられている。

> 　地域の変化，家族の変化により，社会による家庭への養育支援の構築が求められており，子どもの権利，ニーズを優先し，家庭のニーズも考慮してすべての子ども家庭を支援するために，<u>身近な市区町村におけるソーシャルワーク体制の構築と支援メニューの充実</u>を図らねばならない。
>
> 　　　　　　　　　　　　　（「新しい社会的養育ビジョン」p. 1，下線は筆者）

　また，新しい社会的養育ビジョンの実現に向けた工程に関しては，①市

区町村を中心とした支援体制の構築，②児童相談所の機能強化と一時保護改革，③代替養育における「家庭と同様の養育環境」原則に関して乳幼児から段階を追っての徹底，家庭養育が困難な子どもへの施設養育の小規模化・地域分散化・高機能化，④永続的解決（パーマネンシー保障）の徹底，⑤代替養育や集中的在宅ケアを受けた子どもの自立支援の徹底などをはじめとする改革項目があげられ，子どもの権利保障のためにはこうした改革を最大限のスピードを持って実現する必要があるとしている。

　この改正児童福祉法の理念とそれに基づく新しい社会養育ビジョンの迅速な実現に向け，都道府県及び政令市においては推進計画の策定が進んでいる。しかし，先に引用した新しい社会的養育ビジョンの骨格にもあるように，子どもと家庭にとって最も身近な基礎自治体である市区町村においてこそ，子どもの権利，ニーズが優先され，家庭のニーズも考慮された上ですべての子ども家庭を支援するソーシャルワーク体制の構築と支援メニューの充実が求められている。これがまさに地域における「子ども家庭中心児童福祉サービス」を意味すると考えられる。

　20世紀末にアメリカにおいてペコラら（Pecora, P. J. et al. 1992, 2000）が提唱した「家庭中心児童福祉サービス（Family-Centered Child Welfare Services）」は，後に子どもの福祉が焦点であることをより明確にし「子ども家庭中心児童福祉サービス（Child Family-Centered Child Welfare Services）」とされるが，彼らは，子どもの権利として成長に必要な「家庭」と「親」の定義を大きく変えたといえる。彼らは，子どもの成長にとって必要な家庭という環境は，「心理的親のいる家庭的環境」であるとする。親は必ずしも血のつながりのある産みの親（生物学的親──バイオロジカル・ペアレント）である必要はなく，子どもとの心理的なつながり（絆）のある親（心理学的親──サイコロジカル・ペアレント）が大切であり，家庭的環境とは子どもと心理的につながり，絆のある親（大人）が「家庭」を構成する一員としてコミット（確かな約束）している環境であるとした。実親であっても虐待する親は親といえないし，血のつながりはなくとも心理的な絆のある大人は親であるということになる。したがって，里親や施設などの代替養育家庭も，里親や施設長及び指導員などが子どもとの絆を築き心理的親となっていて，子どもの成長に不可欠な環境を構成する一員としてコミットしているとの自覚があれば，その場は「家庭」あるいは「家庭的環境」といえるとした。そして，こうした家庭的環境があること，あるいは用意されていることこそが子どもの「最善の利益──ベストインタレスツ」であり，それを保障することは社会の責任であるとしたのである。

　子どもの権利条約の第3条には，「児童に関するすべての措置をとるに当

たっては，…中略…児童の最善の利益が主として考慮されるものとする」とある。条約の前文では，子どもが成長し社会において責任を十分に引き受けることができるためには家庭環境が重要であると記されていることから，最善の利益の考慮は，家庭環境の重要性に対する考慮と読み取ることもできる。すなわち，子どもの最善の利益を考慮する際には，子どもの成長にとって家庭環境がもっとも重要であることを認知した上で，やむを得ない理由があると考えられる場合には子どもを代替家庭に措置することもあると読み取ることができよう。アメリカは未だ子どもの権利条約を批准していない国であるが，子どもの最善の利益の解釈は，より明確で，家庭（的環境）が用意されることが最善の利益であり，それは社会の責任であるとする。ペコラらはそう主張するのである。そして，その家庭的環境は，里親や施設などの代替家庭をも含む。実家庭での養育（家庭養育）の重要性を重視しつつも実家庭に代わりうる心理的親のいる家庭的環境としての代替家庭での養育（代替養育）を社会が保障することは，子どもの最善の利益を守る社会の責任であるということになる。

　このような子ども家庭中心児童福祉サービスの理念は，改正児童福祉法の理念と極めて近く，新しい社会的養育ビジョンが明確にした家庭養育から代替養育にいたる社会的養育の捉え方は，子ども家庭中心児童福祉サービスが主張する，子どもが成長するのに必要な家庭的環境と近似しているといえよう。そして，社会的養育の充実を図ることが子どもの最善の利益となり，改正児童福祉法の理念に基づく新しい社会的養育ビジョンの目指すところである。

　さらに，子ども家庭中心児童福祉サービスの中心概念であるハルトマンら（Hartman, A. & Laird, J. 1983）の「家庭中心ソーシャルワーク実践（Family-Centered Social Work Practice）」に基づく「家庭中心児童福祉実践（Family-Centered Child Welfare Practice）」（Maluccio, A. N. 1990）は，子どもと家庭の支援を実践する際の4つの視点を明らかにしている。第1の視点は，子どもは真空の中で育つのではなく，家庭，学校，地域といった環境のなかで育つのであり，環境と切り離すことはできないという「エコロジカルな視点」である。家庭も同様で環境と切り離して見ることはできない。第2の視点は，子どもは生きるために問題解決をする能力を備えており，それは伸び，伸ばすことができるもであるという「コンピテンスの視点」である。家庭も同様に問題解決能力を備えており，伸び，伸ばすことができる。第3の視点は，ある時点で問題を抱えているとしても，子どもや家庭は，そこに留まっているわけではなくその問題の解決を通して，あるいは解決の支援を受けることによって成長するという「ディベロップメンタルな視点」である。最後の視点

は，エコロジカルに捉えられた環境の中で，問題解決の力を高め，成長する子どもと家庭を計画的に援助するという視点である。すなわち問題解決能力を高め成長するための安心・安全で安定した永続きする環境を計画的に用意するという「パーマネンシープランニングの視点」である。

改正児童福祉法の理念に基づく新しい社会的養育ビジョンが社会的養育を改革しようとする方向は，こうした子ども家庭中心児童福祉サービスの視点と，それが目指す問題解決の方向性と同じであるといってよいであろう。そして，子どもと家庭がこの方向に向かって身近な地域である基礎自治体，すなわち市区町村において計画的に支援されるためにはソーシャルワーク体制の整備が必要となる。

3．子どもと子育て家庭と制度・サービスとの接点におけるソーシャルワーク（PEIM）——「市区町村子ども家庭総合支援拠点」における子ども家庭中心児童福祉サービス

本節では，前の2節を受け，子どもと子育て家庭を社会全体で支援する制度とサービス（事業）が適切かつ十分に活用され，子どもの成長と子どもを育む家庭が適切かつ十分に支援されるように，子どもと子育て家庭，そして制度・サービスとの接点（インターフェース）において機能し，子ども家庭中心児童福祉サービスを実現するソーシャルワークについて考える。また，2022（令和4）年を目指して整備される「市区町村子ども家庭総合支援拠点」において子ども家庭中心児童福祉サービスを担うという観点からソーシャルワークについて考える。

（1）子どもと家庭と制度・サービス（事業）との接点における
　　　ソーシャルワーク（PEIM）

身近な基礎自治体で実施される子ども・子育て支援は，量と質の両面から子どもの育ちと子育て家庭をより充実させる包括的な制度である。基礎自治体である市区町村では子ども・子育て会議を通して支援（事業）計画が策定され，実施状況や利用者の利用状況・満足度，利用者ニーズの変化，社会経済的状況の変化などを調査・評価し，見直され，支援計画の改善がなされている。また，第2期支援計画の策定においては，待機児ゼロの実現や幼児教育・保育の無償化による影響などを考慮し，教育・保育給付に係わるニーズ量や地域子ども・子育て支援事業のニーズ量を把握するための調査が実施され，2年を掛け支援計画が策定される。また，先述したように，都道府県政令市レベルでは改正児童福祉法の理念を実現する新しい社会的養育ビジョン

を推進するための計画策定がなされ，家庭養育優先の観点から支援を要する子どもを監護する保護者を支え，家庭養育が持続できるように，子ども・子育て支援によって提供されるサービス，ことに地域子ども・子育て支援事業が提供するサービスの積極的な活用が促される。そして虐待等の困難な問題に直面し，親が監護できない場合の代替養育についてはより家庭養育に近い里親や，永続的な解決として特別養子縁組といった制度が改正されるとともに，児童相談所の機能向上のための強化が実施される。

　こうした制度改革とそれに基づくよりニーズに合った質の高いさまざまなサービスの提供のためには，子どもと家庭が利用できる社会的サービス資源を開発し，その量と質を高めて提供する不断の努力が極めて重要となる。しかし，サービス資源を生み出すだけでは，絵に描いたもちになりかねない。制度に基づくこうしたサービスは，それを必要とする子どもや保護者といった利用者によって確実に利用されなければならない。たとえば，地域子ども・子育て支援事業の中のファミリー・サポート事業は，一時的に子どもを預かってもらいたいという親（利用会員）のニーズと子どもを預かりケアしたいという人（提供会員）を結びつけ，すべての子育て家庭における保護者にレスパイト（息抜き）を提供し，子どもには成長に必要なケアを提供する極めて優れたサービスである。しかし，実際にはこのサービスに対する利用者の認知度は低く，あまり活用されていない。

　これは一つの例であるが，子ども・子育て支援新制度によって，あるいは新しい社会的養育ビジョンによって自治体において創設された有用なサービスが量，質ともに充実してきたといえるが，まだ，十分には活用されていないのである。制度・施策も，そこから生み出されるサービス支援（事務事業）も，利用者からすれば，利用者が生活する環境に存在するサービスであり，環境としての資源である。こうした資源としての環境と，人（利用者）が生活し，自己実現するために必要とするもの，すなわちニーズが繋がっていないために，せっかくの新しい制度が絵に描いたもちとなり，生きてこないことになる。

　子ども家庭福祉におけるソーシャルワークは，子どもや親（保護者）の自己実現が大事であるという専門的価値意識を堅持し，彼らに寄り添いながら，自己実現のためのニーズと，ニーズを充たす制度やサービス資源としての環境との間（インターフェース）に介在し，両者を計画的に結びつけるよう援助し，さらに制度やサービス資源が自己実現に役立ったかどうかを評価し確かめる専門的活動である。子ども家庭福祉におけるソーシャルワークは，そのような対人援助の「価値」と「知識」と「技術」の総和（ゲシュタルト）と考えることができる。

ソーシャルワークは一世紀を超える歴史の中で，当初より「人」と「環境」とを同時に見つめてきた。心理社会的アプローチを提唱したホリス（Hollis, F., 1972）は，そうしたソーシャルワークの視点を「環境の中の人（the-person-in-his-situation）」として表現し，ソーシャルワーク（当時はケースワーク呼ばれていた）の中心に位置付けている。子ども家庭中心児童福祉サービスは，ライフモデル・アプローチ（Gitterman, A. & Germain, C. B., 2008）の中心的な理論的拠り所であるエコロジーの理論を援用し，先述したように，理念的柱の一つとしてエコロジカルな視点を示した。これもまた人と環境を同時に捉え，子どもと親（保護者）を家庭や学校，地域といった環境から切り離して捉えるのではなく，両者を同時に見ながら一体として捉える視点であり，ソーシャルワークの伝統的視点を継承しているといえる。

　こうした自己実現のニーズをもつ人と制度やサービス資源としての環境の間（インターフェース）に介在し機能するソーシャルワークは，子ども家庭中心児童福祉サービス以前に日本でもすでに岡村（1957）によって理論化されていた。この岡村理論に筆者の解釈を交えることになるが，岡村によると人が自己実現を目指し生きるという「社会生活」は，自己実現のために必要な「社会生活上の要求」（ニーズ：筆者の解釈）をもつ人が環境（制度やサービス資源）と交渉関連（インターフェース：筆者の解釈）をもつことによって始まるとしている。岡村はこのインターフェースとしての交渉関連を「社会関係」と呼んだ。図1-1に示すように，人と環境の交渉関連は2つの側面をもつ双方向のやりとりである。このやりとりを簡略化して説明すると，たとえば，人がよりよく生きるために知識や技術を身につけたいという学びの要求（社会生活上の要求）をもっているとする。その要求を充たすために教育制度という制度的資源を利用したいと考えたとしよう。まず，その制度への入口である学校に対して学生として学びたい旨を伝えることになる。

　図に示す左から右への矢印が学校という制度的集団（環境）との交渉関連の第1局面ということになる。この要求を受け学校は，その人に学生になるために必要な願書提出，受験，そして入学試験に合格することを求める（役割期待）。図には右から左への矢印として示しており，これは交渉関連の第2局面ということになる。今度は，人は制度的集団からの役割期待を遂行することになる。左から右への矢印が交渉関連の第3局面を示す。この役割遂行を受けて制度的集団である学校は入学を許し（第4局面），人は学生として知識と技術を得ることによって自己実現の達成に近づくことができる。こうした双方の矢印が人と環境との交渉関連であり，岡村は，左（ニーズをもった人）から右（サービス資源としての環境）への矢印が示す交渉関連（第1・第3局面）を社会関係の「主体的側面」と呼び，右から左への矢印

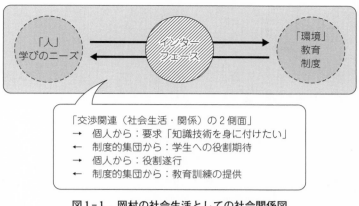

図1-1　岡村の社会生活としての社会関係図
──インターフェースの2つの側面（筆者の解釈）

が示す交渉関連（第2・第4局面）を社会関係の「客体的側面」と呼んだのである。そして，社会福祉の援助の対象は人そのものでも，環境そのものでもなく，交渉関連としての社会関係に生じた問題の解決を援助することであるとしている。

　岡村は，人と環境の両方に注目しつつも，社会福祉実践の専門職としての働きは，岡村が社会関係と呼ぶ人と環境の交渉関連への働きかけであり，それが「社会福祉固有の機能」であるとしており，ソーシャルワークが伝統的に人と環境を一体として捉え，人と環境との間（インターフェース）に介在して問題解決を援助するという考え方と同等であるといえる。ここにソーシャルワークの本質があるといえよう。

　岡村が社会福祉固有の機能は社会関係としての交渉関連への働きかけであるとする場合も，ソーシャルワークがその機能を人と環境とのインターフェースに介在し問題解決を援助するものであるとする場合も，専門的働きかけの中心は，対人援助の専門職として，人の尊厳と自己実現を尊いものとする専門的価値観に裏付けられた，人と寄り添う姿勢を維持し，アセスメントによって人のニーズを十分理解して，ニーズを充足する制度やサービス資源を見出し結びつけ，人が資源を十分に使い満足したかどうかを評価するという専門的援助プロセスであると考えることができる。ソーシャルワークの歴史の中では，人とその人が抱える問題そのものに治療的に働き掛ける役割が重視されたこともあれば，問題のある環境に働き掛け改革（リフォーム）する役割が重視されたこともある。どちらもソーシャルワークの機能としては極めて重要であり，軽視されるべきものではないが，岡村が社会福祉固有の機能の一つとして取り上げた「送致的機能」，半世紀近く前にブライアーとミラー（Briar, S. & Miller, H.）がソーシャルワークの重要な役割の一つと

して言及した「ブローカー（斡旋）」の役割は，ルビン（Rubin, A.）がソーシャルワークの専門事典であるエンサイクロペディア・オブ・ソーシャルワークにおいて取り上げた「リンケージ（繋ぐ）」機能といった，ニーズをもつ人と制度・サービス資源としての環境とを繋ぐ，送致的，斡旋的機能であり，それは重要なソーシャルワーク機能として認知されてきた。これは，長くソーシャルワークの三大機能として認知されてきたケースワーク，グループワーク，コミュニティオーガニゼーション（コミュニティワーク）には明確な形で含まれてこなかった機能であるが，近年注目されている「ケースマネジメント」の核となる機能である。

　この人（ニーズ）と環境（資源）とをリンクする機能（リンケージ機能）を含む人と環境のインターフェースにおいて人の問題解決を援助するプロセスを「人と環境のインターフェース・マネジメント」として捉え，「PEIM（Person Environment Interface Management）」と呼ぶことができる。改正児童福祉法の理念を実現し新しい社会的養育を推進する子ども家庭福祉において求められるソーシャルワークは，まさに PEIM であると考えられる。

　地域子ども・子育て支援事業の「利用者支援事業」における「利用者支援専門員」，児童養護施設や乳児院といった児童福祉施設において措置された子どもの家庭復帰や自立，里親への委託などを支援する「家庭支援専門相談員（ファミリー・ソーシャルワーカー）」，委託前，委託後の里親を支援する「里親支援専門相談員（里親支援ソーシャルワーカー）」，あるいは次節で紹介する「市区町村子ども家庭総合支援拠点」において支援を行う「子ども家庭支援員」はみなソーシャルワークを担うことになり，市区町村において整備が急がれるソーシャルワーク体制の中で極めて重要な働きをすることになる。そうした専門職はソーシャルワーカーとして PEIM を担うことになろう。

（2）市区町村子ども家庭総合支援拠点におけるソーシャルワーク

　これまで見てきたように，子どもと家庭にとってもっとも身近な基礎地方公共団体として，市区町村の重要な役割は，70年あまり前に児童福祉法が制定されて以後初めての法理念改正ともいえる2016（平成28）年の改正児童福祉法と，その理念の実現を目指した新しい社会的養育ビジョンを推進することによって，その最善の利益を考慮し，権利の主体である児童に心身ともに健やかな成長に必要な安全で安定した永続的な育ちの環境を保障することである。そのための仕組みの一つが，「市区町村子ども家庭総合支援拠点」（以下，総合支援拠点）であり，その整備が市区町村や一部の中核市において進んでいる。

　2017（平成29）年2月には，児童虐待防止対策に関する関係府省庁連絡会

議幹事会において市区町村における総合支援業務の在り方に関する検討ワーキンググループが市区町村子ども家庭総合支援拠点の運営指針案を公にしている。その趣旨と目的について4点を示しており，以下にその概略を記す。

　①改正児童福祉法において，子どもの心身の健やかな育成のため基礎自治体は子ども及び妊産婦の福祉に関して必要な情報を把握，情報提供，相談に応じ，調査・指導を行うとともに，必要な支援に係る業務を適切に行わねばならないことが明記された。

　②都道府県（児童相談所）が対応した虐待ケースの多くが家庭外措置に至らず在宅支援となっているが，その後，重篤な虐待に至る事例が多い実態があり，市区町村が身近な場所で子どもと保護者に寄り添って継続的に支援し虐待発生を防止することが大切であり，市区町村を中心とした在宅支援の強化を図る。

　③子どもの最も身近な場所でその福祉を支援するなどの業務に関わる役割・責務のある市区町村は，「①子どもとその家庭及び妊産婦等を対象に，実情の把握，子ども等に関する相談全般から通所・在宅支援を中心としたより専門的な相談対応や必要な調査，訪問等による継続的なソーシャルワーク業務までを行うことが求められている。

　このため，市区町村は，②地域のリソースや必要なサービスと有機的につないでいくソーシャルワークを中心とした機能を担う拠点（市区町村子ども家庭総合支援拠点）の設置に努める。」（括弧内は原文のまま）

　④この運営指針は，支援拠点が，③福祉，保健・医療，教育等の関係機関と連携しながら，責任をもって必要な支援を行うことを明確にし，④子育て世代包括支援センターや要保護児童対策地域協議会・要保護児童対策調整機関との関係調整，児童相談所との連携・協働などの運営が適切に行われるための基本的な考え方を示すものである。（下線及び番号は筆者による）

　なお，ここで用いられる「保護者」は，第1節（2）で述べた定義と同じく「親権を行う者，未成年後見人その他子どもを現に監護する者」としている。子ども家庭中心児童福祉サービスで用いられる親とほぼ同等であるが，子ども家庭中心児童福祉サービスの親の定義にある心理的絆の有無には触れていない。

　このように，市区町村において取り組みが進む総合支援拠点は，本章において述べてきた子ども家庭福祉と子ども家庭中心児童福祉サービスを実現し，社会全体が子どもの健康で健やかな成長と，子どもの家庭での子育て（家庭養育）を支援する総合的な機関であり，ソーシャルワークを中心とした機能を担う拠点ということになる。

　総合支援拠点は，前に引用した趣旨と目的の中の下線部①にあるように，

13

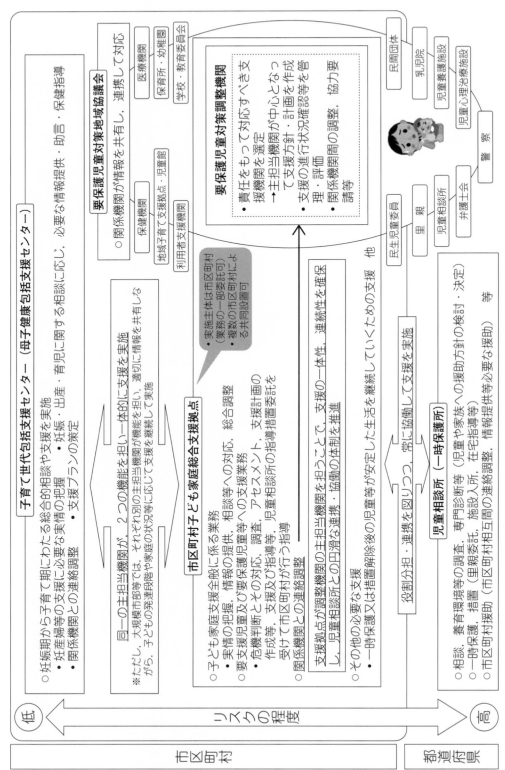

図1-2　市区町村の子ども家庭への支援体制関係図

出典：厚生労働省子ども家庭局（2019）「市町村・都道府県における総合支援体制の整備に関する取組状況について」.

14

対象は子どもとその家庭及び妊産婦等で，すべての子どもと子育て家庭が対象となる。そしてその役割は，全般的な実情把握や相談のみならず，通所及び在宅支援による専門的な相談や，より詳細なアセスメントと家庭訪問支援による継続的なソーシャルワークまでも行うことになる。さらには下線②に示されているように，総合支援拠点では「地域のリソースや必要なサービスと有機的につないでいくソーシャルワーク」機能を担うことになる。総合支援拠点において勤務し，ソーシャルワーク機能を担う専門職に必要とされるのは，ソーシャルワークの対人援助に対する価値観（人の尊厳や自己実現の重要性など）に基づく子どもと家庭に寄り添う姿勢を保ち，専門性に裏付けられたアセスメントにより把握した子どもと家庭のニーズと，制度に基づく地域のサービス資源とを，子どもと家庭が最も必要とするときに，適切かつ確実にリンクするための知識と技術であるといえる。まさに先に PEIM と呼んだケースマネジメントの知識と技術であり，それらを支える対人援助専門職としてのソーシャルワークの価値を理解することが求められている。

　下線③及び④に示されているように，総合支援拠点は市区町村において子ども家庭福祉推進の中心的な役割を果たすことになる。図 1 - 2 に描かれているように，児童虐待の死亡ケースの分析から保健・医療・福祉の連携による出産前から出産後に至るシームレスな，妊婦や新生児・幼児への支援の必要性が訴えられ，「母子保健型利用者支援事業」というサービスを生み出し，「母子健康包括支援センター（子育て世代包括支援センター）」において提供されることとなった。

　そして，児童虐待防止ネットワークとして長い活動の歴史がある「要保護児童対策地域協議会」及びそれに加わる多くの機関，施設などをまとめ，連絡・調整し，都道府県の児童相談所との連携を担う「要保護児童対策調整機関」が地域で機能している。市区町村子ども家庭総合支援拠点は地域におけるこうした主要な組織をまとめ連携・協働を推進する中核的機関として機能すると考えられているのである。子ども家庭中心児童福祉サービスの PEIM を担うソーシャルワーク体制の整備が極めて重要となろう。

> **演習問題**
>
> 1．「子ども・子育て新制度」の「地域子ども・子育て支援事業」に含まれる諸
>   事業について精査し，その狙いについて再確認してみよう。
> 2．「子どもの権利に関する条約」の理念・精神が改正児童福祉法の理念改正に
>   影響したが，子どもの権利条約では子どもが権利の主体であるとし，さまざま
>   な子どもの権利に言及している。そうした諸権利を守ることの意義を例をあげ
>   て検討してみよう。
> 3．社会的養育ビジョンにおいて「家庭養育」優先の原則を実現するために，身
>   近において子どもと家庭を支援する「市区町村子ども家庭総合支援拠点」につ
>   いて，詳しく調べてみよう。

引用・参考文献

新たな社会的養育の在り方に関する検討会（2017）『新しい社会的養育ビジョン』
　　厚生労働省.

Briar, S. and Miller, H. (1971) *Problems and Issues in Social Casework*, Columbia
　　University Press.

Gitterman, A. and Germain, C. B. (2008) *The Life Model of Social Work Practice
　　(Third Edition): Advances in Theories and Practice*, Columbia University
　　Press.

Hartman, A. & Laird, J. (1983) *Family-centered Social Work Practice*, Free
　　Press.

Hollis, F. (1972) *Casework: A psychosocial therapy (2nd Edition)*, Random House.

Maluccio, A. N. (1990) "Family preservation services and the social work prac-
　　tice sequence." In J.K. Whittaker, et al. (eds.) *Reaching High-Risk Families –
　　Intensive Family Preservation in Human Services*, Aldine de Gruyter, 113-
　　126.

岡村重夫（1957）『社会福祉学総論』柴田書店.

Pecora, P. J. et al. (1992) *The Child Welfare Challenge – Policy, Practice, and
　　Research*, Aldine de Gruyter.

Pecora, P. J. et al. (2000) *The Child Welfare Challenge – Policy, Practice, and
　　Research (2nd Edition)*, Aldine de Gruyte.

市区町村の支援業務の在り方に関する検討ワーキンググループ（2017）『「市区町
　　村子ども家庭総合支援拠点」運営指針（案）』厚生労働省.

芝野松次郎（2019）「子育て支援の課題と展望」『子ども家庭福祉専門職のための
　　子育て支援入門』ミネルヴァ書房.

（芝野松次郎）

第2章　子ども家庭福祉の理念と専門職

　本章においては，「児童福祉」に代わって一般化しつつある「子ども家庭福祉」の概念および理念を押さえた上で，「専門職」という視点から，子ども家庭福祉職の形態や特徴について，さらには，使命や行動規範等を示したその「倫理綱領」について取り上げることにする。

1．子ども家庭福祉の概念と理念

（1）「子ども家庭福祉」の意味するもの

　かつて「児童保護」などと称されていたものは，1947（昭和22）年の「児童福祉法」の制定とともに「児童福祉」と呼ばれるようになり，そのような呼称が長い間続いてきた。しかし，1990年代以降，「児童家庭福祉」，さらには「子ども家庭福祉」ということがいわれ，そして，現在では「子ども家庭福祉」概念が一般化しつつある。

　こうした「児童保護」から「子ども家庭福祉」への移り行きは，表現上の変化だけでなく，意味内容の拡大あるいは深化をも示している。そこで，今日的な「子ども家庭福祉」概念の意味を考えた場合，用語に現れている2つの変化に注目する必要がある。すなわち，ひとつは，「児童」から「子ども」への変更であり，もうひとつは，「家庭」の追加である。

　まず，「児童」から「子ども」への変更であるが，英語では child に当たる「18歳未満のすべての者」（「子どもの権利条約」第1条）を表現するのに際して，これまで「児童」と「子ども」の2つの語が用いられてきた。総じて，政府レベルあるいは法令的には「児童」，民間レベルあるいは一般的には「子ども」であって，この限りにおいて，両語は同義と見てよい。

　けれども，語の本来のニュアンスからすれば，「児童」には，未成熟で従属的な「わらべ」のイメージが付着しており，また小学生を指し示すこともあるのに対して，「子ども」は，「小さなおとな」ではない独自の存在を包括的に表現するのにふさわしいといえる。それで，「子ども家庭福祉」の「子ども」には，固有の権利を有した「権利行使の主体」という意味が込められることになるのである。

　次に，「家庭」の追加であるが，「児童福祉」では，福祉の直接の対象になっているのは「児童」つまり「子ども」である。しかしながら，子どもは

真空の中ではなく，ある特定の環境，とりわけ家庭において生活している。子どもの抱えている問題は，子ども自身から発しているとは限らず，子どもを取り巻いている環境が原因になっていることも多い。場合によっては，家庭や保護者の抱えている問題がより深刻なこともある。

　ここに「児童福祉」概念の見直しの必然性が生じてくる。「家庭」をも含み入れた福祉概念は，1981（昭和56）年の中央児童福祉審議会の「今後のわが国の児童家庭福祉の方向について」にすでに見ることができるが，それが本格的に提唱されるのは，1988（平成元）年の全国社会福祉協議会児童家庭福祉懇談会の「あらたな『児童家庭福祉』の推進をめざして」あたりにおいてである。すなわち，この報告書では，「従来の児童福祉対策から，子どもの育つ基盤である家庭も含めての児童家庭福祉対策へと理念を拡大させる必要性を確認した」と述べられ，「『児童家庭福祉』という理念」が新たに提示されたのである。

　また，1993（平成5）年の厚生省（当時）児童家庭局長の私的諮問機関「子供の未来21プラン研究会」の報告書でも，「今後の児童家庭施策」は，「特定の児童・家庭」だけでなく，「すべての子供の健全育成」を対象とするとともに，「子供の生活の基盤である家庭やそれを取り巻く地域社会をも視野に入れて対応していく必要がある」とされ，「戦後46年間経過した『児童福祉』という概念」の再点検が説かれた。

　そして，この再点検の結果，「児童福祉」が「児童家庭福祉」へと発展し，それがさらに「子ども家庭福祉」へと深化することは，前に述べたとおりであるが，それでは，新しい意味を含んだ「子ども家庭福祉」の理念はどのようなものなのか。もちろん，「子ども家庭福祉」も「社会福祉」の一分野である限り，社会福祉の理念をベースにしているのはいうまでもない。と同時に，「子ども家庭福祉」になったからといって，それまでの「児童福祉」や「児童家庭福祉」の理念が消失してしまうわけでもない。子どもに関する様々な憲章や宣言や法規に表明された理念は，「子ども家庭福祉」にも受け継がれていくのである。ここでは，そうした「子ども家庭福祉」の理念の中でも，「子ども家庭福祉」においてとりわけ際立つと思われる3つの理念について説明することにする。

（2）子どもの最善の利益

　子ども家庭福祉を導く理念としてまず挙げられるのが，「子どもの最善の利益」という理念である。この「子どもの最善の利益（the best interests of the child）」の原点となるのは，1924年の国際連盟の「子どもの権利に関するジュネーブ宣言（Geneva Declaration of the Rights of the Child）」である。そこ

では, 前文で, 「人類は子どもに最善のものを与える義務を負う」ということがいわれているのである。

　この「人類は子どもに最善のものを与える義務を負う」というフレーズは, 1959年の国際連合の「子どもの権利宣言（Declaration of the Rights of the Child）」の前文に継承される。それとともに, この宣言では, その第 2 条で, 子どもが特別な保護を受け, その発達を可能にする機会や便宜を与えられるために法律を制定するに当たっては, 「子どもの最善の利益について最高の考慮が払われなければならない」と, また「教育を受ける権利」を定めた第 7 条では, 「子どもの最善の利益が, 子どもの教育や指導に責任ある者の指導原理でなければならない」とされている。ここに「子どもの最善の利益」が理念として明確に打ち出されることになる。

　この「子どもの権利宣言」から30年後の1989年には, 国際連合において「子どもの権利条約（Convention on the Rights of the Child）」が採択されるが, その第 3 条で, 「子どもに関するすべての措置をとるに当たっては……子どもの最善の利益が主として考慮されるものとする」とされることによって, 「子どもの最善の利益」という理念は決定的なものとなる。「子どもの権利条約」にあっては, 第 9 条, 第18条, 第20条, 第21条, 第37条および第40条にもこの理念の表明を見ることができる。

　日本では, 「子どもの権利条約」を受けて, 2016（平成28）年に「児童福祉法」のとりわけ理念的部分が改められ, 第 2 条で, 「全て国民は, 児童が良好な環境において生まれ, かつ, 社会のあらゆる分野において, 児童の年齢及び発達の程度に応じて, その意見が尊重され, その最善の利益が優先して考慮され, 心身ともに健やかに育成されるよう努めなければならない」とされて, 「子どもの最善の利益」が取り込まれることになる。また, 「保育所保育指針」においても, 「入所する子どもの最善の利益を考慮する」ことを保育所に求めているのである。

　こうして, 「子どもの最善の利益」は, 子ども家庭福祉の根本理念となっているのであるが, とはいっても, 何が最善の利益なのかについて, 具体的な規定があるわけではない。しかしながら, その成立の経緯からしても, その基準の一番の根拠が「子どもの権利」にあることは明らかであろう。「子どもの最善の利益」は, 「保護者を含む大人の利益が優先されることへの牽制や, 子どもの人権を尊重することの重要性を表している」（厚生労働省「保育所保育指針解説」）理念なのである。

（3）子どもの権利

　そもそも社会福祉は, 人間が人間として生きる権利に根差しており, した

がって，こうした「人間の権利」，つまり「人権」の尊重が，社会福祉の理念となっているように，子ども家庭福祉にとっても，「子どもの権利」あるいは「子どもの人権」の尊重がその理念を表すことになる。

　子どもの権利については，国際的には，前述の「ジュネーブ宣言」「子どもの権利宣言」「子どもの権利条約」等において取り上げられてきた。日本でも，たとえば，1951（昭和26）年に制定された「児童憲章」においては，「人として尊ばれる」「社会の一員として重んぜられる」「よい環境のなかで育てられる」と前文で原則が掲げられた後，以下12条にわたって，「権利」という語は直接見えないが，子どもの諸々の権利内容が述べられている。さらに，現行の「児童福祉法」の第1条は，文字通り「児童福祉の理念」と題し，その理念を次のように謳っている。「全て児童は，児童の権利に関する条約の精神にのつとり，適切に養育されること，その生活を保障されること，愛され，保護されること，その心身の健やかな成長及び発達並びにその自立が図られることその他の福祉を等しく保障される権利を有する」。

　今日，子どもの権利を考えるに際しては，「子どもの権利条約」で示された考え方が決定的に重要である。ユニセフ（UNICEF：国際連合児童基金）は，この条約で定められた権利を「生きる権利」「育つ権利」「守られる権利」「参加する権利」に整理区分しているが，この条約の画期的な点は，これまでの「生きる権利」「育つ権利」「守られる権利」に新たに「参加する権利」を加えたことにある。第12条「意見を表明する権利」，第13条「表現の自由についての権利」，第14条「思想，良心及び宗教の自由についての権利」，第15条「結社及び集会の自由についての権利」等がそれに該当する。このことは，子どもが単に権利を与えられる存在ではなく，権利行使の主体であることを意味している。

　子ども家庭福祉は，児童福祉法の第1条にあるように，子どもの権利に関する条約の精神に則らなければならない。従来までの児童福祉とは違って，子ども家庭福祉は，子どもを単に救済や保護の対象としてではなく，同時に権利行使の主体として見ることになる。ここに，前に触れたように，子ども家庭福祉が，児童福祉あるいは児童家庭福祉ではなく，あえて「子ども」家庭福祉と称する理由があるのである。

（4）子どもと家庭のウェルビーイング

　児童福祉と子ども家庭福祉の対比において，その理念が，前者の場合は「ウェルフェア（welfare）」であるのに対して，後者では「ウェルビーイング（well-being）」であるといわれたりする（高橋，2002）。この「ウェルビーイング」という語は，1946年の世界保健機構の「完全に身体的，精神的，社会的

に良好である状態（a state of complete physical, mental and social well-being）」という「健康」についての定義で用いられ，その後社会福祉分野で使われるようになり，最近では心理学や哲学の分野でも注目されてきている。ある意味では，これからの時代のキーワードといってよいかもしれない語である。

　子どもの権利に関する条約においても，たとえば，第3条で「締結国は子どもに，彼あるいは彼女のウェルビーイングのために必要であるような保護および世話を保障する義務を負う」というように，「ウェルビーイング」という表現が見られる（ちなみに，政府訳では well-being は「福祉」となっている）。また，先に挙げた「子供の未来21プラン研究会」の報告書も，「国連などの国際機関や欧米諸国では，救貧的あるいは慈恵的イメージを伴う「ウェルフェア（福祉）」に代えて『よりよく生きること』，『自己実現の保障』という意味合いを持つ『ウェルビーイング』という言葉が用いられつつあり，このことは，我が国における児童福祉理念の議論に示唆を与えるものであろう」と指摘している。

　それでは，これまでの「ウェルフェア」とこれからの「ウェルビーイング」ではどう違うのかといえば，今の指摘にもあるように，「ウェルフェア」には，救貧的あるいは保護的なイメージがあるが，これに対して，「ウェルビーイング」は，個人が権利や自己実現を保障され，身体的，精神的，社会的に良好な状態にあることが含意されているということになるだろう。子ども家庭福祉は，子どものみならず家庭を含めた「子どもと家庭のウェルビーイング（well-being of child and family）」を導きの理念としているのである。

2．子ども家庭福祉の専門職

（1）専門職とは何か

　西洋の職業の歴史において，ある時期から「プロフェッション（profession）」，つまり「専門職」といわれる職が登場する。そもそもプロフェッションは，宗教的なニュアンスのある profess（公言する，信仰を告白する）から来ていて，最初は聖職者が，次いで大学教授（professor）が，さらには医者や弁護士がそのように呼ばれるようになった。それがさらに広がって，建築家，技師，会計士，カウンセラー等が，そしてこれに加えて，教師やソーシャルワーカーや保育士もそのように呼ばれるようになったのである。いずれにしても，単に専門的な知識や技術を必要とするだけでない，公共性の強い社会的責任の重い職業が，プロフェッションという専門職なのである。

　こうした専門職の条件としては，表2-1のようなことが挙げられたりする。とはいっても，専門職と呼ばれるものが，以上のような条件を必ずしも

表2-1　専門職の条件

①個人的な利益ではなく大衆の福祉に貢献する公共性と社会的責任で特徴づけられる職業であること
②大衆の保有していない高度の専門的な知識や技術によって遂行される職業であること
③その高度の専門的な知識や技術の教育を大学院段階の養成システムで保障していること
④採用や罷免や職務の遂行に関わる専門家としての自律性（professional autonomy）を制度的に保障していること
⑤専門家としての自律性を行政権力から擁護し，自ら専門家としての知見や見識や倫理を高め合う専門家協会（professional association）を組織していること
⑥専門家としての社会的責任を自己管理する倫理綱領を持っていること

出典：佐藤（1996）.

べて充足しているわけではない。条件を完全に満たしているものもあれば，一部の条件を欠いているものもあり，場合によれば，かなりの条件がクリアできていないものもある。同じ専門職といっても，程度の差が存在するのである。そこで，条件を十分に満たしているものは「メジャーな専門職」と，そうでないものは「マイナーな専門職」といわれたりするようになる。前者の典型としては，医師や弁護士の職が挙げられ，教師やソーシャルワーカーや保育士の職は，後者の部類に含められてきたのである。

（2）専門職としての子ども家庭福祉職

　子ども家庭福祉にかかわる実施機関としては，児童相談所，福祉事務所，保健所等がある。また，子ども家庭福祉施設としては，乳児院，母子生活支援施設，保育所，幼保連携型認定こども園，児童養護施設，福祉型障害児入所施設等がある。これら機関や施設，さらにはそれ以外の場においても，実にさまざまな子ども家庭福祉専門職が職務に従事している。その主だったものを次に挙げてみる。

① 児童福祉司

　児童相談所に配置される中核的な職員で，「児童の保護その他児童福祉に関する事項について，相談に応じ，専門的技術に基づいて必要な指導を行う等児童の福祉増進に努める」（「児童福祉法」第13条第4項）ことを職務とする。

② 児童心理司

　児童相談所に配置される心理分野の職員で，子どもや保護者等の相談に応じ，診断面接，心理検査，観察等によって子どもや保護者等に対し心理診断を行うとともに，子どもや保護者や関係者等に心理療法，カウンセリング，助言指導等の指導を行う。

③ 社会福祉主事

　都道府県，市および社会福祉事務所を設置する町村に置かれ，社会福祉六

法に定める援護，育成，更生の措置に関する業務を行うが，子ども家庭福祉に関しては，助産施設および母子生活支援施設への入所や児童相談所との連携に基づく指導等を行う。

④　母子・父子自立支援員

社会福祉事務所等に配置され，「配偶者のない者で現に児童を扶養しているもの及び寡婦」に対する相談，「その自立に必要な情報提供及び指導」ならびに「職業能力の向上及び求職活動に関する支援」（「母子及び父子並びに寡婦福祉法」第8条）等を職務とする。

⑤　保育士

名称独占資格（保育士でない者が保育士またはこれと紛らわしい名称を使用することを禁止する資格）で，その名称を用いて，「専門的知識及び技術をもつて，児童の保育及び児童の保護者に対する保育に関する指導を行うこと」（「児童福祉法」第18条の4）を職務とする。

⑥　保育教諭

幼保連携型認定こども園において，「園児の教育及び保育をつかさどる」（「就学前の子どもに関する教育，保育等の総合的な提供の推進に関する法律」第14条の10）職員で，幼稚園教諭普通免許状と保育士資格の両方を有することが条件となっている。

⑦　児童指導員

「児童福祉施設の設備及び運営に関する基準」に基づいて，ほとんどの子ども家庭福祉施設に配置され，子どもの生活指導に当たるとともに，施設内部の連絡や調整，対外的な折衝，学校や児童相談所との連絡，家庭支援や親子関係の調整等を行う。

⑧　家庭支援専門相談員

乳児院，児童養護施設，情緒障害児短期治療施設，児童自立支援施設に配置され，保護者に対する子どもの早期家庭復帰のための相談や指導，退所後の生活相談，里親委託促進等を職務とし，「ファミリーソーシャルワーカー」とも呼ばれる。

⑨　児童委員

市町村の区域に，厚生労働大臣の委嘱によって置かれ，子どもおよび家庭の生活や環境の把握，情報提供や援助・指導，子どもに関する社会福祉事業や育成活動を行う者との連携，児童福祉司や社会福祉主事への協力，健全育成の機運の醸成を職務とし，民生委員を兼ねる。

以上のほかにも，家庭相談員，母子支援員，児童の遊びを指導する者，児童自立支援専門員，児童生活支援員等を挙げることができる。

（3）反省的実践家

　専門職の分野では，昨今，"reflection"（「反省」あるいは「省察」）の重要性が叫ばれ，専門職にある「専門家（professional）」を"reflective practitioner"（「反省的実践家」あるいは「省察的実践家」）として性格づける試みがなされている。このことのきっかけを与えたのが，ドナルド・ショーン（1931-1997）である。すなわち，彼は，1983年に公刊した『反省的実践家──いかに専門家は行為において思考するか（*The Reflective Practitioner: How Professionals Think in Action*）』という書において，新しい専門職像を打ち出したのである。

　ショーンによれば，近代的な専門職が原理としていたのは，実証主義の遺産である「技術的合理性」であって，これがまた「メジャーな専門職」と「マイナーな専門職」を区別してきた。ところが，今日，こうした「技術的合理性」の限界が明らかになってきており，したがって，「技術的合理性」に基づいた，既存の理論を実践に応用するだけである「技術的熟達者（technical expert）」といったような専門家の在り方では，もはや現実の諸々の問題を解決することはできない。

　そこで，「技術的熟達者」に代わって，新しい専門家のタイプとして，実践において省察するという「反省的実践家」が提示されることになる。その場合，理論と実践，行為と思考は，前者では分断されているが，後者では深く結合している。「行為の中で省察するとき，そのひとは実践の文脈における研究者となる。すでに確立している理論や技術のカテゴリーに頼るのではなく，行為の中の省察を通して，独自の事例についての新しい理論を構築するのである。……実践者は考えることと行動とを分離せず，決断の方法を推論し，あとでその決断を行為へと変換するのである。……行為の中の省察は，〈技術的合理性〉のもつ二分法の制約を受けないために，このように不確かで独自な状況であっても進行することができる」（ショーン，2007）。

　こうした「反省的実践家」の提示は，専門職における従来までのメジャーとマイナーの逆転をも意味してくる。子ども家庭福祉専門職についていえば，これまでは「マイナーな専門職」と見られてきた。けれども，考えてみれば，生きた人間を相手にする子ども家庭福祉活動は，本来，「技術的合理性」に完全に支配されるものではない。すべてが計算可能なわけではない。そこには，予期しないこと，非合理的なことが入り込んでくる。事はマニュアル通り運ばない。したがって，出来上がった理論を身につけて，それを実践で応用すればよい，というわけにはいかない。実践においてつねに理論を求めていく必要がある。そうした意味で，子ども家庭福祉の専門家は，「反省的実践家」の典型であって，これからの専門職の中心的な担い手になることが期

待されているともいえるのである。

3. 子ども家庭福祉専門職の倫理

（1）職業倫理と倫理綱領

　そもそも職業は，きわめて人間的な営為であって，したがって，その活動は人間自身によってコントロールされなければならない。職業活動に際して，判断や行為の基準あるいは規範がなければ，とりとめのないことになったり，場合によれば，社会に被害や損失を与えたり，人間性に反する結果を招いたりすることにもなりかねない。ここに，営利的であれ，非営利的であれ，すべての職業に，それが本来の意味での職業の名に値する限り，人間として守るべき道である「倫理」が要請されてくる。すなわち，「職業倫理」と呼ばれるものである。

　このように「職業倫理」はすべての職業に求められるが，とりわけ専門職にとっては決定的に不可欠である。というのも，前に述べたように，単に専門的な知識や技術を必要とするだけでない，公共性の強い社会的責任の重い職業が，専門職だからである。専門職の条件として，「個人的な利益ではなく大衆の福祉に貢献する公共性と社会的責任で特徴づけられる職業であること」が挙げられていた。専門職を他方で特徴づけている「高度の専門的な知識や技術」が，利己的さらには反社会的な目的に使用されることがないように，真に「大衆の福祉に貢献する」ために，職業倫理が他の職業以上に専門職には求められてくる。

　そこで，「自ら専門家としての知見や見識や倫理を高め合う専門家協会」，つまり専門職団体は，「専門家としての社会的責任を自己管理する倫理綱領」を公表することになる。「倫理綱領」の代表的なものとしては，日本医師会の「医師の職業倫理指針」，日本看護協会の「看護者の倫理綱領」，日本弁護士連合会の「弁護士職務基本規程」，日本技術士会の「技術士倫理綱領」，日本臨床心理士資格認定協会の「臨床心理士倫理綱領」等がある。子ども家庭福祉専門職に関係する諸団体も，当然，それぞれが倫理綱領を作成し，公表しているのである。

（2）子ども家庭福祉専門職の倫理綱領

　子ども家庭福祉専門職をも含めた社会福祉専門職は，まさに専門職の条件である「個人的な利益ではなく大衆の福祉に貢献する公共性と社会的責任で特徴づけられる職業」の典型であって，そのために，社会福祉関係のどの専門職団体も独自の倫理綱領を定めている。その内，子ども家庭福祉専門職に

表2-2　子ども家庭福祉専門職に関係する倫理綱領の主だったもの

> ① 日本ソーシャルワーカー協会「ソーシャルワーカーの倫理綱領」
> ② 日本社会福祉士会「社会福祉士の倫理綱領」
> ③ 全国保育士会「全国保育士会倫理綱領」
> ④ 全国乳児福祉協議会「乳児院倫理綱領」
> ⑤ 全国母子生活支援施設協議会「全国母子生活支援施設協議会倫理綱領」
> ⑥ 全国児童養護施設協議会「全国児童養護施設協議会倫理綱領」

関係する倫理綱領の主だったものとしては，表2-2のものが挙げられる。

　これらの倫理綱領は，他の倫理綱領も同様であるが，最初に前文が置かれ，その後，数カ条あるいは数項目にわたって，個別的な価値や規範が述べられるという構成を大体とっている。

　前文では，一般的には，根本的な人間観や社会観，当該専門職の使命や目的等が表明されている。たとえば，「ソーシャルワーカーの倫理綱領」では，「われわれソーシャルワーカーは，すべての人が人間としての尊厳を有し，価値ある存在であり，平等であることを深く認識する。われわれは平和を擁護し，人権と社会正義の原理に則り，サービス利用者本位の質の高い福祉サービスの開発と提供に努めることによって，社会福祉の推進とサービス利用者の自己実現をめざす専門職であることを言明する」となっている。

　また，個別的な価値や規範としては，利用者本位，プライバシーの尊重，秘密の保持，説明責任，権利擁護，差別の禁止，専門性の向上等に関する内容が多いといえる。ここでは，「全国保育士会倫理綱領」について見ておくことにする。

（3）全国保育士会倫理綱領

　「全国保育士会倫理綱領」は，保育士資格が国家資格になる2003（平成15）年に，その法定化に先立って，全国保育士会によって制定されたもので，文字通り，保育士等の行動規範を明らかにし，専門職としての使命を表明したものにほかならない。全体は，前文と8カ条から成り立っている。

　まず，その前文は，「すべての子どもは，豊かな愛情のなかで心身ともに健やかに育てられ，自ら伸びていく無限の可能性を持っています」と書き出されている。ここでは，「児童憲章」や「子どもの権利に関する条約」等を受けた，「豊かな愛情」の中で健康的に育てられる，「自ら伸びていく無限の可能性」を持った子どもという根本的な子ども観が示されている。

　この子ども観に基づいて，続いて，「私たちは，子どもが現在（いま）を幸せに生活し，未来（あす）を生きる力を育てる保育の仕事に誇りと責任をもって，自らの人間性と専門性の向上に努め，一人ひとりの子どもを心から

尊重し，次のことを行います」として，「保育の仕事」の3つの使命が，「私たちは，子どもの育ちを支えます。／私たちは，保護者の子育てを支えます。／私たちは，子どもと子育てにやさしい社会をつくります。」というように掲げられることになる。

そして，この後に8カ条の具体的な行動原理が続くのであるが，それぞれには，次のような見出しがつけられている。

表2-3　全国保育士会倫理綱領8カ条の具体的な行動原理

① 子どもの最善の利益の尊重	⑤ チームワークと自己評価
② 子どもの発達保障	⑥ 利用者の代弁
③ 保護者との協力	⑦ 地域の子育て支援
④ プライバシーの保護	⑧ 専門職としての責務

このうち，①においては，すでに見た「子どもの最善の利益の尊重」ということが，「私たちは，一人ひとりの子どもの最善の利益を第一に考え，保育を通してその福祉を積極的に増進するよう努めます」というように，ここにも現れていることに注目しなければならない。また，②では，「私たちは，養護と教育が一体となった保育を通して，一人ひとりの子どもが心身ともに健康，安全で情緒の安定した生活ができる環境を用意し，生きる喜びと力を育むことを基本として，その健やかな育ちを支えます」とされている。「保育所保育指針」でもいう「養護と教育が一体となった保育」が，「豊かな愛情のなかで心身ともに健やかに育てられる」ことに資することが述べられているのである。

③と⑦は，「保護者の子育てを支えます」および「子どもと子育てにやさしい社会をつくります」という使命にかかわっており，保育の仕事が，子育てだけでなく，子育て支援さらには「子どもと子育てにやさしい社会」の形成に及ぶものであることが語られている。④⑤⑥は他の福祉専門職にも共通するものでもあり，⑧の「専門職としての責務」では，「私たちは，研修や自己研鑽を通して，常に自らの人間性と専門性の向上に努め，専門職としての責務を果たします」とされて，「自らの人間性と専門性の向上に努める」ことが再度強調され，専門職しての決意が改めて表明されているのである。

演習問題

1．「児童福祉」と「子ども家庭福祉」の違いについて整理してみよう。
2．子ども家庭福祉専門職における「理論と実践の関係」について考えてみよう。
3．「全国保育士会倫理綱領」の全文を読んで，保育士にとって何が重要かを話し合ってみよう。

引用・参考文献

高橋重宏編（2002）『子ども家庭福祉論——子どもと親のウェルビーイングの促進』日本放送出版協会.

柏女霊峰（2018）『子ども家庭福祉論 [第 5 版]』誠信書房.

山縣文治（2018）『子ども家庭福祉論 [第 2 版]』ミネルヴァ書房.

喜多明人（2015）『子どもの権利——次世代につなぐ』エイデル研究所.

佐藤学（1996）『教育方法学』岩波書店.

ドナルド・A・ショーン，柳沢昌一・三輪健二監訳（2007）『省察的実践とは何か——プロフェッショナルの行為と思考』鳳書房.

柏女霊峰監修，全国保育士会編（2018）『改訂 2 版　全国保育士会倫理綱領ガイドブック』全国社会福祉協議会.

（宮野安治）

コラム１　諸外国の子ども家庭福祉の動向① イギリス

イギリスでは，第２次大戦後に地方自治体に新設された児童部（Children's Department）のもとで，専門ソーシャルワーカーが中心となって，大規模な入所施設から里親家庭やファミリー・グループホームへの移行が進んだ。その効果は大きく，1950年の里親委託率は37％であったが，2019年には72％となった（表１）。施設入所は，わずかに12％で日本とは正反対の数字となっている。

表１　英国の社会的養護児の委託先と割合

	2019	
委託種別	委託数	委託率
里親委託	56,160	72％
養子縁組	2,190	3％
施設入所	9,500	12％
その他	10,300	13％
合　計	78,150	100％

出典：Department for Education (2019) Children looked after in England (including adoption) year ending 31 March 2019.

イギリスには，親の権利と義務を統合した親責任（parental responsibility）という法的概念があるが，里親には親責任は与えられない。児童虐待等によって保護が必要だと裁判所が判断して，ケア命令（care order）が出されると，親責任は実親と地方自治体との共有となる。子どもは地方自治体のケアに置かれ，里親委託，施設入所のほか，養子縁組や実親に委託することもできる。里親は，通常，委託人数は３人までで，委託決定は，里親機関（Fostering Agency）が行う。

日本との大きな違いは，この里親機関である。日本のフォスタリング機関は，この里親機関を参考にしているが，イギリスには地方自治体の里親機関と民間団体の里親機関の２種類があり，どちらも里親の募集・認定・研修・委託を行うことができる。さらに，日本のフォスタリング機関は，自治体の他に乳児院などが想定されているが，イギリス（を含めたヨーロッパ諸国）には，乳児院は存在しないため，実際の運用には違いがある。なお，英国の施設入所児の97％は，10歳以上である。

こうした家庭養護中心の政策を支えているのが，「社会的共同親」（corporate parent）という理念である。「公的組織がまるで実親のごとく子どもの幸せを考えるべきだ」とされ，社会的養護児に関わる自治体はもちろん，里親，施設職員，地方議会議員などみんなが，その子の親として政策や実践を考えるのである。

そのため，イギリスでは，社会的養護を経験した児童の成人後の自立にも，熱心に力を注いでいる。16歳を迎えた養護児には，個別アドバイザーがつき，将来の進学や就職を共に考え，18歳の自立後も，21歳（最大25歳）まで，住宅保障，教育保障，各種手当のサポートを行う。自立支援（イギリスでは大人期への移行支援という）の公的原則には，最初にこう書かれている。「自分の子どもだとして十分なものだといえるか」。社会全体が，養護児童の問題を「自分の子として」考える国，それがイギリスだといえるかもしれない。

（山川宏和）

第3章　子ども家庭福祉の展開

　日本の子ども家庭福祉の現状を知るにあたって，その歴史的展開を振り返ることはとても重要である。子ども家庭福祉に関係する資料は，実に1000年以上昔にさかのぼることできる。本章では，その子ども家庭福祉の展開について，大和朝廷を含む古代から中世までの仏教思想を中心とした救済事業，明治から大正にかけての社会事業期，昭和以降の3期に分けて解説する。

1．古代・中世の救済と子ども

（1）聖徳太子と四箇院

▶聖徳太子

　日本の子ども家庭福祉において，資料で確認できる最初の子どもの救済に関する記述は，「四天王寺縁起」に書かれている四箇院に関するものである。四天王寺（大阪市天王寺区）は，6世紀末ごろに推古天皇の摂政であった聖徳太子（574-622）によって建造された仏教寺院で，そこには敬田院，施薬院，療病院，悲田院のいわゆる四箇院が設けられたという。敬田院は寺院の施設，施薬院は薬局，療病院は病院のような役割を果たした。そして，悲田院は貧困者や病人だけでなく，身寄りのない子ども（孤児）を養育した施設であったとされている。現代でいえば入所型の社会福祉施設（児童養護施設）のような施設をイメージさせるものである。

（2）聖徳太子の影響を受けた人物たち

　聖徳太子の四箇院による活動は，この時代（6世紀）に日本に伝わった仏教の教えにしたがったものとされている。以後，仏教が広く信仰されるようになり，後世の信仰心の強い歴史上の人物たちの中にも，聖徳太子の救済活動を模倣した者がいた。

　奈良の大仏を建立した聖武天皇の皇后だった光明皇后もその一人で，8世紀に都であった奈良の平城京に，悲田院，施薬院を建て，貧困者や身寄りのない子どもたちを保護，救済したとされている。

　鎌倉時代になると，律宗の僧，忍性（1217-1303）が，師である叡尊の影響を受け，ハンセン病患者などの保護，救済施設として知られる北山十八間戸

（奈良市）を建てたとされる。忍性もまた，聖徳太子の四箇院による活動を模倣し，鎌倉の極楽寺に同様の施設を建て，四天王寺の悲田院などの再建にも尽力した。

　このように，聖徳太子が仏教を深く信仰する中で，四天王寺に四箇院を建てるなどした貧困者の救済事業は，日本の社会事業の最初といえる。その救済の対象に身寄りのない子どもも含まれていたことは，この時代にある一定の子ども観があったことを示すものである。

　その後，室町時代以降，仏教的な救済事業は公的にも，私的にも目立つ活動は見られなくなった。しかしその代わりに，キリスト教が日本に伝来して以降，禁教となるまで，宣教師や一部の富裕な信者が孤児院や病院を建設し，孤児の養育を含む貧困者の救済事業を行っていたことが伝えられている。

２．明治期以降の子どもに関わる社会事業

　1868（明治元）年，およそ300年の長きに渡った江戸幕府が瓦解し，明治時代が始まった。明治新政府は，欧米諸国をその政治・経済のお手本とし，捨て子を拾って養育する者に米を支給するという「棄児養育米給与方（き じ よういくまいきゅうよ かた）」や，極貧の子どもを含む生活困窮者を対象とし，米（後に金銭）を支給した「恤救規則（じゅっ きゅう き そく）」といった救貧制度（現代の社会福祉制度の原型にあたる）を設けた。

　しかし，この制度は，原則としては対象者の親族や地域社会で面倒を見ることを前提としており，明治政府の姿勢は決して積極的とはいえなかった。けれども，こうした制度の未熟な部分を補い，自ら献身の意志と私財を投じて子どもたちのために社会事業を行った，篤志家と呼ばれた民間人たちの存在があったことを忘れてはならない。以下においては，その主だった人物を紹介することにする。

（1）石井十次と岡山孤児院

▶石井十次

　石井十次（1865-1914）は，日向国（現宮崎県）の高鍋藩の武士の子として生まれ，キリスト教に入信し，医師を目指して岡山県に移住する。1887（明治20）年から孤児を預かり始め，引き取った孤児の数が増えると，岡山市内に岡山孤児院を建て，本格的に孤児の養育事業を展開した。1891（明治24）年の濃尾地震や1905（明治38）年の日露戦争，1905〜6（明治38〜39）年の東北地方の大飢饉などでも，困窮のあまり捨てられた子どもや孤児を引き取りに行き，岡山孤児院の児童数は多いときでは，

1200人ほどもいた。その後，石井十次は1912（大正元）年までに孤児院を彼の出身地である宮崎県の茶臼原に移転させた（茶臼原孤児院）。有名な「岡山孤児院十二則」を含む岡山孤児院の実践は，後に建てられた多くの孤児院に影響を与え，それらの施設が児童福祉法上の児童養護施設となった現在では，石井十次は「児童福祉の父」と呼ばれることがある。

　また，長崎の隠れキリシタンだった岩永マキ（1849-1920）も，台風や疫病がきっかけで棄てられた子どもたちを中心に，浦上養育院を建てて養育したことが知られている。

（2）赤沢鍾美と新潟静修学校付設託児所

　赤沢鍾美（あかざわあつとみ，1864-1937）は，1890（明治23）年に，農村の子どもたちのために，私塾である新潟静修学校を開校したが，生徒の中に自分より幼い兄弟を背負って子守をしながら通う子どもが多くいたため，同校に託児所を付設した。これが新潟静修学校付設託児所であり，日本における最初の保育所といわれており，現在も新潟市内で認可保育所として続いている。

（3）石井亮一と滝乃川学園

▶石井亮一

　石井亮一（1867-1937）は，佐賀市に鍋島藩士の子として生まれ，立教大学に進学し，キリスト教徒となる。後に立教女学校で教員となったが，1891（明治24）年の濃尾地震では，自ら被災地（愛知県および岐阜県）で孤児救済にあたり，東京に連れて帰り，聖三一孤女学院を設立した。孤児の中に知的障害児がいたことから，研究のためにアメリカへ留学，知的障害児教育について学び帰国後，学院を滝乃川学園に改称した。亮一の死後は妻の筆子が校長を継いでいる。同施設は日本で最初の障害児施設である。

（4）留岡幸助と家庭学校

▶留岡幸助

　現在の岡山県出身の留岡幸助（1864-1934）は，同志社大学神学部を卒業後，京都の福知山教会の牧師となり，北海道の監獄で教誨師を経験したのち，触法・虞犯少年の保護，教育をする感化事業の日本での定着に尽力した。1899（明治32）年には東京の巣鴨に私立の感化院，家庭学校を設立した。民間のこのような動きを受け，政府は1900（明治23）年に感化法を制定し，感化院は各道府県に設置されることになった。さらに，

留岡は1914（大正3）年には北海道家庭学校を設立した。その後，感化院は少年教護院，教護院と名称を変え，これらの施設は現在では児童自立支援施設（児童福祉施設）と呼ばれている。

（5）野口幽香と二葉幼稚園・保育園

　野口幽香（のぐちゆか，1866-1950）は，姫路藩士の家に生まれ，東京師範学校女子部に進学，卒業後，華族女学校付属幼稚園の教員となる。後，キリスト教に入信し洗礼を受け，貧しい子どもたちにも保育をと，1900（明治23）年に同僚の森島峰とともに，二葉幼稚園を設立し，1916（大正5）年には同園を貧民街に移転させ，二葉保育園と改称した。また，現在の母子生活支援施設の先駆けとなる「母の家」や乳児院，児童養護施設を設置するなど，明治から太平洋戦争後の戦災孤児への対応まで，長きに渡って児童家庭福祉の発展に貢献した。

（6）高木憲次と整肢療護園

▶高木憲次

　高木憲次（1888-1963）は，東京の医家に生まれ，自身も整形外科医となった。高木は，それまでの奇形や不具という呼び方を差別的であるとして「肢体不自由」という言葉を定着させた。自ら肢体不自由者の実態調査を行い，肢体不自由児に対しての治療と教育は，どちらか欠けても将来自立して生活をすることができないと考え，治療と教育（療育）を一体的に行う施設が必要だと説いた。1942（昭和17）年，東京に整肢療護園を設立し，戦後日本での肢体不自由児施設，および療育の概念普及の礎を築いた。「肢体不自由児の父」とも称される。

3．昭和以降の児童福祉と先駆者たち

　昭和時代に入った1929年（昭和4年），「恤救規則」に代わって「救護法」が制定された。これは，第1次世界大戦後の不況や，1923（大正12）年の関東大震災，1929（昭和4）年の世界恐慌など，度重なる日本経済や国民の生活を脅かす事象があったことが背景となっている。「救護法」では，65歳以上の老衰者や妊産婦，障害者などとともに，13歳以下の子どもも救護の対象とされた。救護内容は生活，医療，助産，生業，埋葬，そして救護施設を設けるなど，現在の生活保護法の基礎となっているが，労働可能な者は対象外にするなど制限的な部分は「恤救規則」と変わらなかった。国家の責任を明

確にした，より公平な公的扶助は，第2次世界大戦後の「生活保護法」の制定を待つこととなる。

（1）糸賀一雄と近江学園

▶糸賀一雄

　　　　　第2次世界大戦（太平洋戦争）終戦後の日本は，GHQ（連合国軍最高司令官総司令部）の指導のもと，民主主義国家として歩み始め，日本国憲法には，国が社会保障，公衆衛生と並び，社会福祉を行う義務があることが明確に記された。戦後の優先的課題として，家族や住む場所を失い，犯罪に巻き込まれたり，関わることも多かった戦災孤児や浮浪児の保護があり，そのため児童福祉法は早期に制定された。そのような状況下で，いち早く戦災孤児や知的障害児の収容施設，近江学園を設立したのが，滋賀県の職員であった糸賀一雄（1914-1968）と池田太郎，田村一二らである。

　糸賀一雄の思想を代表する言葉として「この子らを世の光に」がある。糸賀は障害児・者もそうでない者と同様に主体的に発達していく権利をもち，その発達が保障されるべきと述べている。この糸賀の「この子らを世の光に」という言葉は，障害児・者は保護の対象ではなく，障害がない者と等しく人権をもち，光り輝く存在であることを意味し，戦後日本の障害児・者福祉実践に多大な影響を与えている。

（2）その他の障害児福祉の先駆者たち

　このように，戦後日本の障害児・者福祉において，近江学園を設立し，「この子らを世の光に」という言葉を残した糸賀一雄，池田太郎，田村一二らの思想と実践の及ぼした影響は大きい。滋賀県南部，東部には彼らが直接的，間接的に関わった障害児・者施設も多い。同エリアには障害児・者差別問題に精力的に取り組む福井達雨（1932-2022）が設立した重度知的障害児の生活施設（現在は障害者支援施設）である止揚学園もある。また三木安正（1911-1984）は知的障害児保育・教育における指導法の研究・実践を重ね，1950（昭和25）年には東京に旭出学園を設立し，戦後の同分野の発展に功績を残している。

演習問題

1. 現在の児童養護観に劣らない先進的な内容もあった石井十次の「岡山孤児院十二則」について調べてみよう。

2. ここに挙げた明治以降の人物にはキリスト教徒が多い。言及がない人物についてもキリスト教と関係があるか調べてみよう。また，欧米の社会福祉史とキリスト教の関係についても調べてみよう。

3. 糸賀一雄に関係がある滋賀県内の障害者施設について，どれくらいあるか，どのようなつながりがあるのか，図書室やインターネットで調べてみよう。

引用・参考文献

福田公教・山縣文治（2011）『児童家庭福祉』ミネルヴァ書房.

山縣文治・柏女霊峰（2013）『社会福祉用語辞典第9版』ミネルヴァ書房.

糸賀一雄（1980）『福祉の思想』NHKブックス.

室田保夫（2010）『人物で読む社会福祉の思想と理論』ミネルヴァ書房.

木村武夫（1964）『日本近代社会事業史』ミネルヴァ書房.

（花岡貴史）

コラム2 諸外国の子ども家庭福祉の動向② フランス

フランスは，かつては合計特殊出生率が低迷したが，さまざまな施策により2006年には2.0を超え，少子化対策が成功した国として注目を集めている。本コラムでは，フランスにおける子育て家庭への経済的支援について紹介したい。

フランスの社会保障制度は，社会保険，労働災害補償，家族給付の3つの柱からなっており，家族給付制度はフランスの家族政策の中で中心的な役割を果たしている。家族給付には多くの種類があるが，主なものとしては，所得に応じた家族手当や，3人以上の子どもの養育費を補助する家族補足手当（多子手当），新学期に発生する費用を補てんする新学期手当，出産費用や育児費用のほか保育に係る費用を補てんする乳幼児受入手当など，多様な手当を設けており，子育て世帯を家計面で幅広くサポートしている。原則として，子どもの数が多いほど多額の給付が受けられる設計となっており，ここにフランスの多子奨励的な考え方が表れている。

税制面から見ても，子育て家庭に配慮したフランスの特色として，所得税におけるN分N乗方式と「家族係数」がある。これは，家族の所得の合計額を「家族係数」という値（大人は1，子どもは1人目・2人目は各0.5，3人目以降は1）で割り，係数1当たりの課税額を決め（N分），さらに家族係数をかけて家族全体の税額を決める（N乗）方式である。家族係数が多ければ，それだけ納付すべき所得税が少なくなるので，家族係数が1となる3人目以降の子どもを特に奨励する制度設計となっている。

また，給付や税制以外にも，多子世帯が受けることのできる優遇措置として，大家族カード制度がある。18歳以下の未成年を3人以上扶養する家族は，このカードを取得する権利を持つ。大企業で構成されるパートナー・ネットワークも協力し，鉄道や公共交通機関を利用する際や，日用品，ホテルでの宿泊，ルーブル美術館などの文化施設，スポーツ施設など，様々な場面で割引を受けることができる。

これらはいずれもフランスの子育て家庭を経済面からサポートするものであり，経済的事情により子どもを持つのを諦めることを防ぐことに寄与していると考えられる。さらには，フランスの社会全体の出産を歓迎している風潮，女性が出産後も働き続けられる環境や制度，また移民の多さといったさまざまな要因が複合的に影響した結果，出生率が上昇していると考えられる。

参考文献

厚生労働省（2017）欧州地域にみる厚生労働施策の概要と最近の動向, 海外情勢報告101–250.

▶パートナー企業の店頭に掲示されているステッカー
出典：https://www8.cao.go.jp/shoushi/shoushika/research/cyousa19/kigyousanka/pdf/chap4.pdf

（稲田達也）

第4章　子どもの権利擁護

　本章では，私たち大人に課された課題である「子どもの権利」について考える。子ども観の変遷とともに，子どもの権利が守られるようになった過程を理解する。また，現在の子どもの権利擁護の中心をなす「児童の権利に関する条約」について，制定過程と今後の日本の課題について学ぶ。

1．子ども人権擁護の歴史的変遷

（1）子どもの発見

　古代社会の子ども観は，「大人の所有物」と表現される。この捉え方は，子どもを一人の人として見ているのではなく，大人の自由意志で扱うことができるということを意味していた。中世にかけては，「小さな大人」といわれていた。人としての存在は認められているといえるが，大人の価値観に基づく捉え方をされていた。子どもは単なる労働者として考えられ，物心がつくころには，子どもの意志とは関係なく，大人と同じように働かせられていた。労働力として期待できない場合や，必要ではないと考えられた場合には，親が子どもを売ったり，命を奪うことが行われていた。現在のように，必要な保護や教育が受けられていない状態であり，当然のことながら，子どもの権利を守るという視点もなかった。

　子どもの権利思想が誕生したのは，思想家ルソー（1712-1778）の著書『エミール』（1762年）による「子どもの発見」からと考えられている。18世紀は，1789年のフランス革命に代表されるように，市民革命によって人としての権利が意識されるようになった時期である。しかし，子どもは，人としての権利をもつ主体として考えられてはいなかった。その中で，市民革命の推進に大きな功績をもたらしたルソーは，『エミール』の中で，子どもの独自性，大人とは異なる子ども固有の世界をもっていること示し，子ども期の大切さを強調した。

　ルソーの登場後，18世紀から19世紀にかけて，ペスタロッチ（1746-1827）やフレーベル（1782-1852），オウエン（1771-1858）が果たした役割も大きく，子どもとしての固有の価値の認識や人権擁護の重要性に対する考え方が広がっていった。

（2）保護される存在としての子ども

▶ケイ

　エレン・ケイ (1849-1926) は，著書『児童の世紀』（1900年）の中で，家庭や教育を重視し，子どもの個性の尊重を主張した。20世紀が子どもの世紀となることを求めたことにより，子どもの人権への配慮が，より具体的に進むことになる。

　20世紀に入ると，子どもの保護や教育についての関心の高まりは，徐々に政治的・社会的な課題として捉えられるようになった。1909年にはアメリカにおいて，第一回白亜館会議（ホワイトハウス会議）が開催された。セオドア・ルーズベルト大統領により，児童福祉分野の専門家が招集され，子どもの福祉を検討した世界初の会議である。この場で，ルーズベルトによって，家庭生活は，文明の最高にして最も素晴らしい産物であり，緊急やむを得ない事由のある場合を除いて，家庭を剥奪されるべきではないと，家庭尊重の原則が宣言された。

　また，子どもの権利意識は，2つの大戦により芽生え，発展していった。第1次世界大戦（1914-1918）後，世界平和こそが，子どもの幸せに不可欠なものであり，社会の発展に寄与するためには，教育が必要であると考えられるようになった。1922年には，ドイツワイマール憲法下で「児童法」が制定され，イギリスでは児童救済基金による「児童の権利に関する児童憲章」が提唱されるなど，国家単位で子どもの権利思想に関する法制化の動きがみられた。

　1924年に，国際連盟は，第1次世界大戦によって多くの国の子どもの命や生活を奪ったことを反省し，「児童の権利に関するジュネーヴ（ジェネバ）宣言」）を採択し，子どもの保護と救済を謳った。前文には，「すべての国の男女は，人類が児童に対して最善のものを与えるべき義務を負うこと」，すべての児童に対して，宣言に記された権利の保障がなされることが記されている。

　再び起こった第2次世界大戦（1939-1945）後に発足した国際連合では，「人権に関する世界宣言」（世界人権宣言）（1948年）をはじめ，さまざまな人権に関する宣言が採択された。「世界人権宣言」では，「すべての人間は，生まれながらにして自由であり，かつ，尊厳と権利について平等である。人間は，理性と良心とを授けられており，互いに同胞の精神をもって行動しなければならない」と記されており，すべての人は平等であり，それぞれが同じ権利をもつとした。

　「世界人権宣言」に続いて，1959年には，「ジュネーヴ宣言」の精神を引き

継ぎ，さらに発展させた形で，「児童権利宣言」（子どもの権利宣言）が国連総会で採択された。児童権利宣言の前文には「児童は，身体的及び精神的に未熟であるため，その出生の前後において，適当な法律上の保護を含めて，特別にこれを守り，かつ，世話することが必要である」とあるように，この時代は，保護される存在という捉え方の子ども観が中心である。

　しかし，大戦後も世界各地で起こった戦争や紛争は，子どもの生命や生活を犠牲にし続け，また，先進諸国の子どもにおいても，核の脅威や児童虐待など，新たな問題が生じることにより，子どもの権利が大きく侵害されることとなった。

（3）権利の主体としての子ども

▶コルチャック
ポーランド広報
文化センターＨＰ
(https://instytut-polski.org/about-pl/janusz-korczak/)
より

　人としての権利保障へと転換する動きは，国際人権規約に代表される。人権保障の位置づけが「宣言」から「条約」へと変化したことである。世界人権宣言の後に，児童権利宣言が採択されたように，国際人権規約の中で，子どもの権利に対しての保障がなされていたわけではない。しかし，国際人権規約採択を契機に，国連は，「児童権利宣言」から20周年を記念して，1979年を「国際児童年」と定め，子どもの権利保障の実態を調査し，実効性を高めるための新たな取り組みを検討することとなった。「ジュネーヴ宣言」から，子どもの権利を保障する取り組みを行ってきたが，拘束力をもたない「宣言」では，子どもの権利を守るための十分な規定にはなり得なかった。そこで，「児童権利宣言」の内容を，強制力の伴う国際的な取り決めとして「条約」へと形を変えることを目指した。

　条約化にあたり，1979年に草案を提出したのがポーランドである。この草案には，コルチャック（1878-1942）の思想が反映されている。医師でもあり，作家でもあり，孤児院の院長でもあったコルチャックは，第2次世界大戦中のナチスドイツによるユダヤ人迫害により，孤児院の子どもとともに強制収容所で悲劇的な最期を迎えた。コルチャックは，「子どもの権利の大憲章」として，19からなる条文を掲げ，子どもは，尊重され愛される権利をもっており，子ども自身が権利を持っていることの重要性を訴えた。この大憲章に示された権利は，「児童の権利に関する条約」（以下，「子どもの権利条約」）の内容に深く影響を与えている（表4-1参照）。

　子どもの権利条約の中には，子どもの権利の捉え方に新しい視点が含まれている。網野武博は，本条約を受動的権利と能動的権利とに分類し，子ども

の能動的権利が確立されたとしている（網野，2002）。子どもは保護される存在であると同時に，権利の主体として理解する考え方であり，子ども自身が，自分の人生の主人公になれるよう力をつけて社会に参画するというエンパワメントの考え方である。そこには，人がもっている強さや回復力を信じるストレングス視点がある。子どものもつ潜在能力や周りを取り巻く環境に着目することで，子どもの主体的な生き方を支えることができ，それこそが子どものエンパワメントにつながり，セルフアドボカシーにもつながる。現代社会において，固有の人格をもつ，権利の主体として捉える考え方が，子どもの権利擁護の基本理念となっている。

表4-1　子どもの権利の大憲章

第1条　子どもには愛を受ける権利があります。
第2条　子どもには尊重される権利があります。
第3条　子どもには最適な条件の下で成長発達する権利があります。
第4条　子どもには現在を生きる権利があります。
第5条　子どもには自分自身である権利があります。
第6条　子どもには誤りを犯す権利があります。
第7条　子どもには失敗する権利があります。
第8条　子どもには真剣に受け止められる権利があります。
第9条　子どもにはあるがままの自分の真価を認められる権利があります。
第10条　子どもには秘密をもつ権利があります。
第11条　子どもには「嘘言」・「欺き」・「盗み」から守られる権利があります。
第12条　子どもには持ち物や小遣いの使い方を尊重される権利があります。
第13条　子どもには教育を受ける権利があります。
第14条　子どもには正義にもとることに抵抗する権利があります。
第15条　子どもには（施設や学校に設けられる）子ども裁判所で仲間を裁いたり，仲間から裁かれる権利があります。
第16条　子どもには少年司法制度で弁護人から弁護される権利があります。
第17条　子どもには自分の悲しみを尊重される権利があります。
第18条　子どもには神様と親しく交わる権利があります。
第19条　子どもには未成熟のまま神様の許に召される権利があります。

出典：コルチャック（2001：209-210）．

2．児童の権利に関する条約（子どもの権利条約）

（1）子どもの権利条約の成立

　ポーランドによる草案の提出後，国連人権委員会は，作業委員会を設置し，10年に及ぶ慎重な討議を重ね，1989年11月20日国連第44回期総会において，満場一致で「子ども権利条約」が採択された。このことは，世界において条約の内容が，一定の評価を得られていることを証明するものであるが，条約が採択されただけで，世界中のすべての子どもの権利が保障されることにはつながらない。国連加盟国が，それぞれの国における国内法との調整を行い，

条約の締約国となることで初めて効力をもつのである。日本は，1994（平成 6）年に批准した（表4-2参照）。なお，条約に署名したが批准していない唯一の未締約国がアメリカ合衆国である。

表4-2　児童の権利に関する条約採択まで

年月日	事　　項
1924年9月26日	児童の権利宣言（ジュネーヴ宣言）／国際連盟
1948年12月10日	世界人権宣言／国際連合，以下，国連
1959年11月20日	児童の権利宣言／国連
1966年12月16日	国際人権規約／国連
1976年12月21日	国際児童年に関する決議／国連
1978年2月7日	児童の権利条約案・決議案提出／ポーランド
1979年	国際児童年
1979年2月14日	児童の権利に関する条約草案作成のためのワーキンググループ設置，検討開始／国連人権委員会
1989年11月20日	児童の権利に関する条約採択／国連
1994年4月22日	批准／日本

出典：「子どもの権利条約──学習の手引」『季刊 教育法 臨時増刊号第97号』エイデル研究所，1994より作成.

（2）子どもの権利条約の特徴

2015年の『世界子供白書』において，子どもの権利条約は，その存在自体がイノベーションであると記されている。これまで採択されてきた国際的な人権規約についての思想と規定内容が反映され，その上で，それらを補完する役割をも担っている。

本条約は，4点の特徴が挙げられる。

① 人としての権利の保障：大人と同じように権利が認められ，人権の主体として確認された視点である。参政権や財産処理権などを除けば，市民的な自由権については，概ね大人と同等の権利が保障されている。特に，これまで明文化されていなかった子どもの意見表明権という考え方を取り入れ，より主体的権利の保障を行っている。また，子どもが自己に関わるさまざまな問題を自分で考え，意見を述べ，自らの権利を行使することをも認めている。

② 子どもの最善の利益の保障：子どもの権利のための判断基準として，「子どもの最善の利益」という概念を第一に挙げて，権利保障を行っている。

③ 固有の権利の保障：大人と同等の権利をもつと同時に，子ども固有の権利を有していることを認め，規定している。子どもは，未熟であり，発達途上にあることから，社会から適切な保護を受ける必要性が

43

認められている。子どもが子ども時代を健康で充実した生活を送ることができるよう保障している。

④ 親の第一義的養育責任：子どもの権利保障の責任主体をまず，親に求めているという観点である。本条約は，「条約」であるため，「締約国」は子どもの権利を保障する最も重要な責任主体であるが，同時に，「親」の責任も強調している。締約国には，その親の責任遂行に対しての援助義務を求めている。

（3）児童の権利に関する条約（子どもの権利条約）の内容

子どもの権利条約は，前文と本文54か条で構成されている。

前文には，子どもの権利条約が制定されるまでの経緯や歴史的意義，条約の目的などが書かれており，「ジュネーヴ宣言」の「子どもの最善の利益」の尊重の理念が受け継がれている（前文・第3条）。第1条〜第41条までは，守られるべき具体的な権利が，第42条〜第54条までに，条約の締約国がとらなければならない事務的な手続きが定められている。

条約は，日本ユニセフの整理によると，生きる権利，育つ権利，守られる権利，参加する権利の4つの柱に沿って作成されている。そのため，子どもの権利条約には，「差別の禁止」（第2条），「子どもの最善の利益」（第3条），「生命・生存・発達の権利」（第6条），「意見表明権」（第12条）の4原則が据えられている。加えて，親子関係に関する権利，教育・医療・社会保障に関する権利，特別の保護や配慮が必要な障害児や難民児童の権利保障などが含まれている（図4-1参照）。

3．子どもの人権擁護と現代社会における課題

子どもの権利条約に批准した国は，定期的にその国の実施状況を国連に報告し，国連子どもの権利委員会がその報告について審査することになっている（第43, 44条）。これまで日本は，1994年に批准してから，4回（1996年，2001年，2008年，2017年）の政府報告を提出している。2017年に提出された報告は，第4・5回報告となっている。2019年1月には，日本政府の第4・5回定期報告に関する子どもの権利委員会の審査が行われ，2月に，同委員会による最終所見が提出された。なお，最終所見（Concluding Observations）は，総括所見，最終見解と訳されている場合もある

最終所見は，政府だけでなく，民間の機関が，大小さまざまな団体からの意見を取りまとめて国連に報告書を提出しているため，それらの意見が反映された内容となっている。

	子どもの権利条約	ジュネーブ宣言	児童権利宣言
生きる権利	健康・医療への権利 [24]	原則2	原則4
	医療施設に措置された子どもの定期的審査 [25]		
	社会保障への権利 [26]		原則4
	生活水準への権利 [27]		原則4・6
育つ権利	家庭的な環境への権利		
	親を知る権利 [7]		原則6
	アイデンティティ保全 [8]		
	親からの分離禁止 [9]		原則6
	家族再会出入国の自由 [10]		
	国外不法移送防止 [11]		
	親の第一義的養育責任 [18]		原則7
	代替的養護 [20]	原則2	原則6
	養子・縁組 [21]		
	教育への権利 [28] [29]		原則7・10
	休息・遊び・文化的芸術的生活への参加権 [31]		原則4・7
守られる権利	親による虐待・放任・搾取からの保護 [19]	原則4	原則9
	経済的搾取・有害労働からの保護 [32]	原則4	原則9
	麻薬・向精神薬からの保護 [33]	原則4	原則9
	性的搾取・虐待からの保護 [34]	原則4	原則9
	誘拐・売春・取引の防止 [35]	原則4	原則9
	ほかのあらゆる形態の搾取からの保護 [35]	原則4	原則9
	自由を奪われた子どもの適正な取扱い [37]	原則4	原則9
	少年司法に関する権利 [40]		
参加する権利	自己決定・自立		
	意見表明権 [12]		
	プライバシー・通信・名誉の保護 [16]		
	市民的参加		
	表現・情報の自由 [13]		
	思想・良心・宗教の自由 [14]		
	結社・集会の自由 [15]		
	マスメディアへのアクセス [17]		
特に困難な状況下の子ども	難民の子どもの保護・援助 [22]		
	障害児の権利 [23]	原則2	原則5
	少数者・先住民の子どもの権利 [30]		
	武力紛争による子どもの保護 [38]		
	犠牲になった子どもの心身の回復・復帰 [39]		

子どもの権利条約	ジュネーブ宣言	児童権利宣言
児童の定義 [1]		
差別の禁止 [2]		原則1
児童に対する措置の原則 [3]	前文 原則3	前文5段 原則2・8
締約国の義務 [4]	原則1	原則2
父母等の責任, 権利義務の尊重 [5]		
生命権・生存・発達の確保 [6]		原則4
名前・国籍の取得権 [7]		原則3

図4-1　児童の権利に関する条約の内容

注：［　］の中の数字は条文番号.
出典：喜多明人「子どもの権利条約」市川憲一・永井昭午監修, 子どもの人権刊行委員会編 (1997)『子どもの人権大辞典』エムティ出版　資料喜多明人作成, 一部筆者加筆・改変.

（1）第4・5回最終所見による日本の評価

　前回の権利委員会からの指摘は, 第2回最終所見の勧告のうち, まだ実施されていない「調整および国家行動計画」,「子どもの定義」「差別の禁止」「体罰」などに関する内容について, あらゆる努力を行うよう求められていたものであったが, 男女の双方において最低婚姻年齢を18歳と定めた民法の

改正や，2016年の児童福祉法の改正，子供の貧困対策に関する大綱などさまざまな領域にわたって日本が改善に向けて取り組んだことは評価された。

（2）改善に向けての指摘

　最終所見の冒頭に，① 差別の禁止，② 子どもの意見の尊重，③ 体罰，④ 家庭環境を奪われた子ども，⑤ 生命の誕生に関わる健康（reproductive health）およびメンタル・ヘルス，⑥ 少年司法について，特に緊急的な措置を求める領域が示された。社会を反映するような特徴的な内容としては，持続可能な開発目標（SDGs：Sustainable Development Goals）を意識した指摘となっていることや福島原発事故の影響や気候変動への対応を意識した生命や発達・健康に関する指摘が取り上げられている。

　今回の指摘の多くは，これまでの勧告から引き続き取り上げられている内容であり，「子どもの権利に関する包括的な法律」の制定と，現行の法律と条約との整合性を図るための措置や，子どもの相対的貧困率の高さの指摘とともに，子どもの権利を効果的・公平に保障するための予算策定手続きを確立することは，前回同様強く勧告された。また，差別の禁止や子どもの最善の利益の保障，生命・生存・発達に関する権利，子どもの意見表明権，虐待，体罰，教育環境についても引き続き指摘された。

（3）持続可能な開発目標（SDGs）を意識した指摘

　最終所見には，SDGs に関わる具体的な指摘が多くみられる。SDGs とは，2015年9月の国連サミットで採択された2016〜2030年までの国際目標である。持続可能な世界を実現するために17のゴール（目標）と169のターゲット（具体的達成目標）が設定され，地球上の誰一人として取り残さないことを誓っており，貧困や不平等・格差，気候変動などのさまざまな問題を根本的に解決することを目指す取り組みである。子どもの権利委員会は，17の目標達成に向けた実施過程において，子どもの有意義な参加を確保するようにも要請している。以下，指摘の一部を示す。

・虐待・ネグレクト・性的搾取（→24）：虐待・搾取・人身取引・暴力・拷問の根絶（ターゲット16.2）

・生活水準（→38）：社会保障制度の実施（ターゲット1.3）

・教育（→39）：安全かつ非暴力・包摂的・効果的な学習環境の提供（ターゲット4.a）

・乳幼児期の発達（→40）：乳幼児の質の高い発達支援と就学前教育へのアクセス（ターゲット4.2）

次回の第6回・7回報告書の提出期限は，2024年11月21日となっている。

最終所見の指摘に，法的な拘束力はないが，日本における子どもの権利の現状が国際的な視点で評価されたこととなる。所見の指摘には，所属する団体や立場によって議論を要するものもあるが，条約順守に向けて，さらに取り組みを進めていく必要がある。

演習問題

1．子どもの権利擁護の歴史について，社会とのかかわりを考えながらまとめてみよう。
2．日本が子どもの権利条約を批准して25年が経ったが，その間，日本の社会にどのような効果をもたらしたのか考えてみよう。
3．教育・保育の現場で，人権を意識した取り組みにはどのようなものが考えられるか，みんなで話し合ってみよう。

引用・参考文献

網野武博（2002）『児童福祉学——「子ども主体」への学際的アプローチ』中央法規出版．

市川昭午・永井憲一監修（1997）『子どもの人権大辞典』エムティ出版．

「子どもの権利条約——学習の手引」『季刊 教育法 臨時増刊号第97号』エイデル研究所，1994．

子どもの権利条約市民・ＮＧＯの会専門委員会（2019）『国連子どもの権利委員会　日本政府第4・5回統合報告審査　最終所見：翻訳と解説【増補版】』子どもの権利条約市民・ＮＧＯの会．

ヤヌシュ・コルチャック著，サンドラ・ジョウゼフ編著，津崎哲雄訳（2001）『コルチャック先生のいのちの言葉』明石書店．

日本ユニセフホームページ「子どもの権利条約」

http://www.unicef.or.jp/about_unicef/about_rig.html（2019年11月7日閲覧）

「平野裕二の子どもの権利・国際情報サイト」

https://www26.atwiki.jp/childrights/（2019年11月7日閲覧）

（関谷みのぶ）

コラム3　諸外国の子ども家庭福祉の動向③　フィンランド

　森と湖に覆われた美しい国フィンランドは，スカンジナビア半島の内側に位置し，オーロラ，白夜，ムーミン，サンタクロース，マリメッコなど日本でも馴染みの観光資源で旅行先として人気が高い。国土は日本より一回り小さく，人口約520万人の小規模な国であるが，OECD の PISA 国際学習到達調査ではかつて世界トップクラスとなり，世界幸福度では2018年から連続１位，しあわせの国としても知られている。日本でフィンランドへの関心が一気に高まったのは前述のPISA の結果からであるが，それ以降，学校教育のみならず子育て支援にも関心が寄せられ，とりわけ注目されたのがネウボラである。

　ネウボラとは，「妊娠から就学前まで，かかりつけの専門職が（主に保健師）担当の母子および家族全体に寄り添える制度の名称であると同時に，子育て家族本人たちにとっては身近なサポートを得られる地域の拠点」（高橋，2015）であり，実際にフィンランドでネウボラといえば誰もが知る，とても身近な地域の拠点である。ネウボラの歴史は１世紀前まで遡り，1920年代に小児科医等が母子支援活動として病院の一角に開所，1944年に制度化されたことで全国の市町村に設置された。筆者が2016年，国立保健福祉研究所で聞き取り調査した時点で利用率が98％，祖母から３代目という利用者も少なくなかった。都市部では保健センター内に設置されるネウボラもあるが，いずれも自宅のリビングルームのような部屋で，母子健康手帳の交付，健診，ちょっとした相談まで，いつもの保健師さんと30分～１時間ゆっくりと話ができるのは，初めての出産・子育ての人にとってどんなに安心なことだろうか。

　ところで，日本で知られるネウボラは，厳密にいえば，出産・子どもネウボラというすべての妊婦・家庭を対象としたユニバーサルサービスである。実はネウボラはそれだけでなく，子どもの発達や家族に課題のある場合は家族ネウボラ，アルコールや薬物依存の妊婦は病院内にある院内ネウボラもあり，ソーシャルワーカー，サイコロジスト，小児精神科医などの専門家がサポートしている。つまり，家族ネウボラや院内ネウボラは，出産・子育てネウボラより社会的養護のリスクのある妊婦や家庭を対象に，予防サービスに位置付いている。

　このようにネウボラはフィンランドの子ども家庭支援のインフラであり，どこに住んでいてもネウボラの健診・相談・各種支援サービスが無料で利用でき，しかも同質のサービスが受けられるように全国的に整備されてきた。しかし，首都ヘルシンキでも人口約63万人（2016年時点）のフィンランドは，小規模自治体が非常に多く，近年は手厚い福祉を支えてきた経済，産業の変化にも直面し，2018年より地方自治制度の改革が始まっている。Maakunta 改革といわれ，基礎自治体（Kunta）の上位に広域自治体（Maakunta）を新設し，広域圏で社会サービスを統廃合し，子ども家庭支援においても，複数のサービスを統合したファミリーセンター化を推進している。改革は始まったばかりであるが，訪問した先々で聞かれたのは，フィンランドの子育て支援の根底には，高福祉を支える納税者を責任もって育成するという明確な目的があるということであった。国土の３分の１が北極圏に属する小国は，しあわせの国になったのではなく，人こそ資源であるという考えのもとに，社会全体で子どもを育て，しあわせの国をつくってきたのであろう。

参考文献
高橋睦子（2015）『ネウボラ　フィンランドの出産・子育て支援』かもがわ出版.

（大谷由紀子）

フィンランド　タンペレ保健センター内　ネウボラの室内
（撮影：大谷由紀子）

第5章　子ども家庭福祉の法体系

　子ども家庭福祉の法体系は，日本の最高法規である日本国憲法，および児童の権利に関する条約（子どもの権利条約）の精神に基づき，子ども家庭福祉における基本法である児童福祉法を中心として，整備されている。本章では，いわゆる児童福祉六法をはじめ，子ども家庭福祉を支える主な法律について概説することにより，その法体系について基礎的な理解を図る。

1．児童福祉六法の概要

　以下の法律は，子ども家庭福祉に直接関係するものであり，「児童福祉六法」と呼ばれている。

（1）児童福祉法（昭和22年法律第164号）
① 児童福祉法の位置づけ
　児童福祉法は，日本において子ども家庭福祉を支える上で根幹となる総合的な法律である。図5-1は，児童福祉法を取り巻く関連法等との階層関係を表したものである。国の最高法規である日本国憲法の理念および国際的な

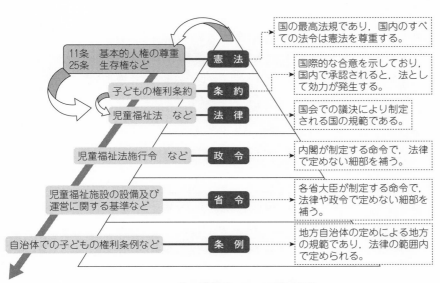

図5-1　日本の法体系における階層関係

出典：小六法編集委員会（2017：1）を元に，筆者が加筆・修正.

合意である子どもの権利条約の精神を反映して児童福祉法が編まれており，さらに子ども家庭福祉に関する法令については，児童福祉法の理念を反映して他の子どもに関連する法律や条例が編まれるという構造になっている。

② 児童福祉法の成立とその背景

　児童福祉法は，戦後まもない1947（昭和22）年12月12日に制定されており，翌年1月1日より一部施行，同4月1日より完全施行されている。第2次世界大戦後の混乱期に，国民の生活水準が著しく低下したなかで制定された児童福祉法の目的は，戦災孤児や浮浪児童を保護し，その福祉を保障することにあった。多くの子どもたちが，身寄りを失い，徘徊を余儀なくされた。そのなかで，保健衛生上の問題を抱えたり，非行と化したりする子どもたちもいた。そうした子どもたちへの保護が，緊急の課題として法制定の背景にあったのである。

　しかしながら，保護という前提はあったにせよ，児童福祉法の制定はそれにとどまらず，すべての子どもの，心身にわたる健康的な発達を視野に入れた画期的な法律であった。児童福祉法の成立によって，日本における子どもに対する捉え方は転換期を迎えたのである。

③ 児童福祉法の理念

　児童福祉法の精神的な基盤は，すべての児童を対象とした法律であることを明確にし，子どもの権利条約の精神を反映させた基本理念を規定する第1条にある。

> 第1条　全て児童は，児童の権利に関する条約の精神にのつとり，適切に養育されること，その生活を保障されること，愛され，保護されること，その心身の健やかな成長及び発達並びにその自立が図られることその他の福祉を等しく保障される権利を有する。

　第2条では，児童育成の責任が規定されており，子どもを育成する責任は第一義的に保護者にあるものの，国や地方公共団体もともに責任を担うことが示されている。

> 第2条　全て国民は，児童が良好な環境において生まれ，かつ，社会のあらゆる分野において，児童の年齢及び発達の程度に応じて，その意見が尊重され，その最善の利益が優先して考慮され，心身ともに健やかに育成されるよう努めなければならない。
> 　2　児童の保護者は，児童を心身ともに健やかに育成することについて第一義

　　的責任を負う。
　　3　国及び地方公共団体は，児童の保護者とともに，児童を心身ともに健やか
　　に育成する責任を負う。

　子どもを育成する第一義的責任は親権者（保護者）にあるが，同時に，何
らかの理由で親権者が子どもを養育する責任を果たせなくなったときに，国
および地方公共団体は親権者に対して求められ得る指導あるいは支援を行う
ことによって，親権者としての責任が果たせる状態にもっていくよう努力し
なければならないことをも意味する。また，第2条においても，意見表明権
や子どもの最善の利益といった，子どもの権利条約が反映された記述となっ
ていることが分かる。

　　第3条　前二条に規定するところは，児童の福祉を保障するための原理であり，
　　　この原理は，すべて児童に関する法令の施行にあたつて，常に尊重されなけれ
　　　ばならない。

　第3条では，図5-1にあるように，日本における子ども家庭福祉にかか
わる制度および施策において，児童福祉法の理念が常に尊重されるべきもの
であることを規定している。

④　児童福祉法における定義

　児童福祉法は第4条で，「児童」を「満18歳に満たない者」と定めており，
次のように区分している。

　　1　乳児：満1歳に満たない者
　　2　幼児：満1歳から，小学校就学の始期に達するまでの者
　　3　少年：小学校就学の始期から，満18歳に達するまでの者

　また，「障害児」について，「身体に障害のある児童」「知的障害のある児
童」「精神に障害のある児童（発達障害児を含む）」「治療方法が確立してい
ない疾病その他の特殊の疾病であつて法で定められるもの」とされる。
　第5条では「妊産婦」について，「妊娠中または出産後1年以内の女子」
と，規定している。子どもの「心身の健やかな成長及び発達並びにその自立
が図られること」を定めた児童福祉法が妊産婦を規定する意味は，この法律
が胎児をも育成支援の対象としていることを示しているといえる。
　なお，児童福祉法において「保護者」とは，「親権を行う者，未成年後見
人その他の者で，児童を現に監護する者」のことをいう。

⑤ 児童福祉法の主な改正過程

　児童福祉法は，社会状況に応じてその都度改定されてきたが，法律の骨組み自体が変わらなかった。しかし，制定後50年目にあたる節目の1997（平成9）年，および制定後70年を前にした2016（平成28）年に，児童福祉の再構築を図るために大きな改正が行われている。1997（平成9）年以降の主な改正過程を表5-1にまとめている。

表5-1　児童福祉法における近年の主な改正

年	事　項
1997	①保母の「保育士」への名称変更　②児童福祉施設の名称変更　③保育所の選択利用方式　④児童相談所の機能強化　など
2000	①母子生活支援施設や助産施設の利用手続きの改定　②児童虐待へ迅速に対応するため児童委員の役割強化　など
2001	①保育士資格が法定化され名称独占資格化　②保育士の業務として「保護者に対する保育に関する指導」を追加　③認可外保育施設への監督の強化　④主任児童委員の法定化　など
2003	市町村を核とした子育て支援体制を整備（市町村保育計画の作成や市町村による子育て支援事業の実施など）
2004	①児童相談所に一極集中していた児童相談のしくみを転換し，市町村を第一義的な窓口とすることで，その役割を法律上明確化　②要保護児童対策地域協議会の法定化　など
2008	①地域子育て支援拠点事業や家庭的保育事業など子育て支援事業の位置づけを法律上明確化　②里親制度の拡充や施設内虐待の防止等の社会的養護体制整備　など
2012	①障害種別等で分かれている障害児施設を一元化　②放課後等デイサービスおよび保育所等訪問支援の創設　③18歳以上の障害児施設入所者について障害者施策で対応
2016	①児童福祉法の理念の明確化　②児童虐待の発生予防や発生時の迅速・的確な対応の強化　③情緒障害児短期治療施設の名称変更（児童心理治療施設）等　④里親委託の推進　など
2019	①児童の措置中に親権を有する児童福祉施設の長および里親，児童相談所長における体罰の禁止，②児童相談所における児童福祉司の配置の体制強化，③児童福祉司に指導教育担当児童福祉司を置くこと　など
2022	①子育て世帯に対する包括的な支援のための体制強化および事業の拡充，②一時保護所および児童相談所による児童への処遇や支援，困難を抱える妊産婦等への支援の質の向上，③社会的養育経験者・障害児入所施設の入所児童等に対する自立支援の強化，④児童の意見聴取等の仕組みの整備，⑤一時保護開始時の判断に関する司法審査の導入　など

（2）児童扶養手当法（昭和36年法律第238号）

　児童扶養手当法は，「父又は母と生計を同じくしていない児童が育成される家庭の生活の安定と自立の促進に寄与するため，当該児童について児童扶養手当を支給し，もつて児童の福祉の増進を図る」（第1条）ことを目的とする法律である。

　この法律で「児童」とは，「18歳に達する日以降の最初の3月31日までの間にある者又は20歳未満で政令で定める程度の障害の状態にある者」のことを

いう。また，支給の対象となるのは，① 父母が婚姻を解消した児童，② 父（母）が死亡した児童，③ 父（母）が政令で定める程度の障害の状態にある児童，④ 父（母）の生死が明らかでない児童，⑤ その他これらに準ずる状態にある児童で政令で定めるものを監護する母，または母がないあるいは母が監護しない場合はその養育者，となっている（第 4 条）。

　母子ひとり親世帯に限定されていた経済的支援は，2010（平成22）年より父子まで範囲を広げ，すべてのひとり親世帯を対象とすることとなった。

　また，これまで支払回数は 4 か月ずつの年 3 回であったが，2019（令和元）年から 2 か月ずつの年 6 回となった。

（3）母子及び父子並びに寡婦福祉法 （昭和39年法律第129号）

　母子及び父子並びに寡婦福祉法は，当初，1964（昭和39）年に制定された「母子福祉法」を，1981（昭和56）年に「母子及び寡婦福祉法」として改正することにより成立した法律である。従来は母子ひとり親家庭を対象としていたが，この改正により，かつて母子家庭の母であった寡婦をも対象とするようになった。母子家庭等および寡婦に対して，生活上の安定と向上のために必要な措置を講ずることにより，その福祉を図ることを目的としている（第 1 条）。なお，「寡婦」は，「配偶者のない女子であって，かつて配偶者のない女子として民法第877条の規定（扶養義務者を規定する）により児童を扶養していたことのあるもの」（第 6 条）と定義される。

　その基本理念は，母子家庭等において，「児童が，その置かれている環境にかかわらず，心身共に健やかに育成されるために必要な諸条件」が保障され，母子家庭の母および父子家庭の父，または寡婦が，「健康で文化的な生活」を保障されることにある（第 2 条）。なお，この法律における児童とは，20歳に満たない者のことをいう。

　2002（平成14）年には大幅に改正され，「母子家庭等」とあるように，父子家庭もこの法律の対象となった。また，DV（ドメスティック・バイオレンス）被害や離婚の増加など，ひとり親家庭を取り巻く家庭状況の変化をふまえ，扶養義務を履行するように努めなければならないことが規定された。また，この法律では，母子・父子自立支援員の委嘱，都道府県等による母子家庭および寡婦自立促進計画の策定，就業支援に関する事項を盛り込むなど，自立支援を目的としてさまざまな施策について規定している。

　そして，2014（平成26）年には，「母子及び父子並びに寡婦福祉法」へとその名称も改められた。

（4）特別児童扶養手当等の支給に関する法律（昭和39年法律第134号）

　特別児童扶養手当等の支給に関する法律は，障害がある児童を育てる家庭に対して手当を支給することにより，その福祉の増進を図ることを目的としており，次に挙げる3つの手当が定められる（第1条）。

> 1　特別児童扶養手当：精神または身体に障害がある児童について支給される。
> 2　障害児福祉手当：精神または身体に重度の障害がある児童に支給される。
> 3　特別障害者手当：精神または身体に著しく重度の障害がある者に支給される。

　支給月額は，2019年以降，5万2,200円（1級），あるいは，3万4,700円（2級）となっている。

　また，この法律において対象者は次のように定義されており，障害等級は，重度のものから1級および2級とされ，障害の状態は政令で定められる（第2条）。

> 1　障害児：20歳未満であって，この法律に規定される障害等級に該当する程度の障害の状態にある者。
> 2　重度障害児：政令で定める程度の重度の障害の状態にあるため，日常生活において常時の介護を必要とする者。
> 3　特別障害者：20歳以上であって，政令で定める程度の著しく重度の障害の状態にあるため，日常生活において常時特別の介護を必要とする者。

（5）母子保健法（昭和40年法律第141号）

　母子保健法は，この法律が成立するまで児童福祉法に規定されていた，保健に関する項目を独立させることにより，1965（昭和40）年8月に成立し，翌年1月より施行された。「母性並びに乳児及び幼児の健康の保持及び増進を図るため，母子保健に関する原理を明らかにするとともに，母性並びに乳児及び幼児に対する保健指導，健康診査，医療その他の措置を講じ，もつて国民保健の向上に寄与する」ことを目的としている（第1条）。

　この法律では，出産前後の保健指導，新生児（出産後28日を経過しない乳児）の訪問指導，1歳6か月児および3歳児の健康診査，栄養の摂取に関する援助，妊娠の届出義務，母子健康手帳の交付，妊産婦の訪問指導，低体重児（2,500グラム未満）の届出義務，未熟児（身体の発育が未熟のまま出生した乳児であって，正常児が出生時に有する諸機能を得るに至るまでのもの）の訪問指導，養育医療（養育のために，病院または診療所に入院することを必要とする未熟児の養育に必要な医療）などを規定している。

　なお，2016（平成28）年には，妊娠期から子育て期にわたるまでの切れ目のない支援を行う「母子健康包括支援センター」（通称，子育て世代包括支

援センター）を，市町村は設置するよう努めなければならないことが定められた。また，児童虐待の発生予防・早期発見が明記された（第5条第2項）。

（6）児童手当法（昭和46年法律第73号）

　児童手当法は，保護者が子育てについて第一義的責任を有することを基本的認識として，「児童を養育している者に児童手当を支給することにより，家庭等における生活の安定に寄与するとともに，次代の社会を担う児童の健やかな成長に資する」ことを目的としている（第1条）。

　対象年齢児童，支給期間，手当の額は，たびたびその時代に合わせて改正されてきたが，2010（平成22）年には，時の新政権により，従来から児童手当の支給を受けてきた者は，特別な手続きなしに子ども手当が支給されることとなり，中学校修了前まで支給対象が拡大されることとなった。しかしながら，2012（平成24）年度から子ども手当という名称は廃止され，児童手当に戻されることとなった。

　3歳未満の児童を養育する保護者に対して月額1万5,000円，3歳から小学校修了前までの児童では第1子および第2子が月額1万円，第3子以降に月額1万5,000円，中学生では月額1万円が，それぞれ支給される。なお，所得制限を上回る収入のある世帯には，特例給付として，年齢や子どもの人数に関係なく子ども一人あたり一律で5,000円が支給されることになっている。

2．児童福祉六法以外の子ども家庭福祉に関連する法律の概要

　表5-2は，日本における子ども家庭福祉に関連する主要な法律をまとめたものである。これらのうち，先に述べた児童福祉六法以外の主なものを取り上げ，以下にその概略を述べる。

（1）児童虐待の防止等に関する法律（平成12年法律第82号）

　児童虐待の防止等に関する法律（通称，児童虐待防止法）は，児童虐待が「児童の人権を著しく侵害し，その心身の成長及び人格の形成に重大な影響を与えるとともに，我が国における将来の世代の育成にも懸念を及ぼす」（第1条）行為であるという認識のもと，児童虐待の予防や早期発見に関する国および地方自治体の責務，児童虐待を受けた子どもの保護や自立支援のための措置などについて定めている。また，「何人も，児童に対し，虐待をしてはならない」（第3条）として，児童に対する虐待を禁止している。この法律の成立によって，児童虐待に対する社会的な認識に，変化が見られるようになった。

表5-2 子ども家庭福祉を支える主な法律

児童福祉六法		
児童福祉法，児童扶養手当法，特別児童扶養手当等の支給に関する法律，母子及び父子並びに寡婦福祉法，母子保健法，児童手当法		

社会福祉に関する法律		
社会福祉法，生活保護法，民生委員法，身体障害者福祉法，知的障害者福祉法，精神保健及び精神障害者福祉に関する法律，発達障害者支援法，障害者基本法，障害者の日常生活及び社会生活を総合的に支援するための法律，生活困窮者自立支援法，児童虐待の防止等に関する法律，配偶者からの暴力の防止及び被害者の保護等に関する法律，障害者虐待の防止，障害者の養護者に対する支援等に関する法律　　など		

保育・教育に関する法律	司法・矯正に関する法律	労働に関する法律
教育基本法 学校教育法 子ども・子育て支援法 就学前の子どもに関する教育，保育等の総合的な提供の推進に関する法律 特別支援学校への就学奨励に関する法律 いじめ防止対策推進法 義務教育の段階における普通教育に相当する教育の機会の確保等に関する法律　　など	民法 少年法 少年院法 売春防止法 覚せい剤取締法 児童買春，児童ポルノに係る行為等の規制及び処罰並びに児童の保護等に関する法律 民間あっせん機関による養子縁組のあっせんに係る児童の保護等に関する法律　　など	労働基準法 職業安定法 最低賃金法 勤労青少年福祉法 育児休業，介護休業等育児又は家族介護を行う労働者の福祉に関する法律 青少年の雇用の促進等に関する法律 障害者の雇用の促進等に関する法律　　など

その他，子ども家庭福祉に関連する法律		
少子化社会対策基本法，次世代育成支援対策推進法，子ども・若者育成支援推進法，子どもの貧困対策の推進に関する法律，障害を理由とする差別の解消の推進に関する法律，男女共同参画社会基本法，学校保健安全法，地域保健法，母体保護法，個人情報の保護に関する法律　　など		

　この法律では，児童虐待について，児童を現に監護する保護者による18歳未満の児童に対する，身体的虐待，性的虐待，ネグレクト，心理的虐待の4つの行為を定義している（第2条）。児童虐待を受けたと思われる児童を発見した者は，速やかに，市町村，都道府県の設置する福祉事務所もしくは児童相談所に，または児童委員を介して福祉事務所もしくは児童相談所に通告しなければならない（第6条第1項）。また，守秘義務を規定した法律によって通告義務が妨げられることはない（第6条第3項）。そして，通告を受けた場合，通告した者を特定できる情報を漏らしてはならない（第7条）。

　この他，国および地方公共団体の責務等，児童虐待の早期発見等，通告した者の守秘，出頭要求等，立入調査等，警察署長に対する援助要請等，面会等の制限などが規定されている。

　関連する法律として，性的虐待に関わる「児童買春，児童ポルノに係る行為等の規制及び処罰並びに児童の保護等に関する法律」（平成11年法律第52号），心理的虐待に関わる「配偶者からの暴力の防止及び被害者の保護等に関する法律」（平成13年法律第31号）が挙げられる。

（2）次世代育成支援対策推進法（平成15年法律第120号）

　次世代育成支援対策推進法の目的は，「我が国における急速な少子化の進行並びに家庭及び地域を取り巻く環境の変化」にかんがみ，「次世代育成支援対策を迅速かつ重点的に推進し，もって次代の社会を担う子どもが健やかに生まれ，かつ，育成される社会の形成に資する」ことである（第1条）。また，父母その他の保護者が子育てについての第一義的責任をもっていることを基本認識とし，「家庭その他の場において，子育ての意義についての理解が深められ，かつ，子育てに伴う喜びが実感されるように配慮して行われなければならない」と，その基本理念を示している（第3条）。

　この基本理念にのっとり，国および地方公共団体，また事業主の責務について定められる。国が行動計画策定指針を定めること，都道府県および市町村，特定事業主（国および地方公共団体の機関），一般事業主には，行動計画を策定することが義務づけられた。なお，2008（平成20）年の法改正により，当初，301人以上の従業員を抱える事業所の一般事業主に義務づけられていた行動計画の策定は101人以上と改められ，300人以下の従業員を抱える一般事業主の努力義務とされていたものが100人以下とされた。

　次世代育成支援対策推進法は，2003（平成15）年7月に10年間の時限立法として制定されたが，2014（平成26）年の法改正により2025（令和7）年3月まで延長されることになった。

　なお，この法律と時を同じくして，少子化社会において講ずべき施策の基本理念について定める「少子化社会対策基本法」（平成15年法律第144号）が制定されている。

（3）発達障害者支援法（平成16年法律第167号）

　発達障害者支援法では，発達障害について「自閉症，アスペルガー症候群その他の広汎性発達障害，学習障害，注意欠陥多動性障害その他これに類する脳機能の障害であってその症状が通常低年齢において発現するものとして政令で定めるもの」と，定義されている。また，この法律で定める発達障害者は，「発達障害がある者であって発達障害及び社会的障壁により日常生活又は社会生活に制限を受けるもの」であり，このうち満18歳未満のものを発達障害児と呼んでいる。また，「社会的障壁」について，「日常生活又は社会生活を営む上で障壁となるような社会における事物，制度，慣行，観念その他一切のもの」（第2条）と定めている。

　なお，2012（平成24年度）から児童福祉法第4条第2項における障害児の定義のなかで，精神に障害のある児童に発達障害児も含まれることとなり，障害児福祉サービスの対象となった。

発達障害者への支援については，2016（平成28）年に社会的障壁の除去を目指して行われることが基本理念（第2条の2）として加わり，性別や年齢，障害や生活の実情に合わせて，各関係機関等が連携しながら切れ目なく行われるよう配慮しなければならないとされた。このため，国および地方公共団体の責務を定めるとともに，発達障害の早期発見と早期の発達支援，保育を行う上での配慮，学校教育における支援，就労支援，地域での生活支援，司法手続き上の配慮，発達支援センターの指定等について規定されている。

　また，発達障害について認識が広まってきたとはいえ，コミュニケーションの障害とされる発達障害については，対人関係上理解を得にくい側面がある。そのため，第4条では国民の責務として，「個々の発達障害の特性その他発達障害に関する理解を深めるとともに，基本理念にのっとり，発達障害者の自立及び社会参加に協力するように努めなければならない」とされる。

（4）子ども・子育て支援法（平成24年法律第65号）

　子ども・子育て支援法は，急速に進行する少子化や家庭および地域を取り巻く環境の近年の大きな変化を背景として，児童福祉法その他の子どもに関連する法律が規定する施策と関連し合いながら，「一人一人の子どもが健やかに成長することができる社会の実現に寄与する」（第1条）ことを目的としている。また，その基本理念は「父母その他の保護者が子育てについての第一義的責任を有するという基本的認識の下に，家庭，学校，地域，職域その他の社会のあらゆる分野における全ての構成員が，各々の役割を果たすとともに，相互に協力して行われなければならない」（第2条）とされる。したがって，市町村を単位とした地域の協働性を重視しており，子ども・子育て支援を行うにあたっては，地域の実情をふまえたものであることを基本としている。

　この法律の他，「認定こども園法の一部改正法」「子ども・子育て支援法及び認定こども園法の一部を改正する法律の施行に伴う関係法律の整備等に関する法律」を含めて「子ども・子育て関連3法」と呼ばれ，これに基づき，2015（平成27）年度より子ども・子育て支援制度が創設されている。なお，「認定こども園法」は，2006（平成18）年に制定された「就学前の子どもに関する教育，保育等の総合的な提供の推進に関する法律」（平成18年法律第77号）の通称である。

（5）子どもの貧困対策の推進に関する法律（平成25年法律第64号）

　子どもの貧困対策の推進に関する法律は，「子どもの現在及び将来がその生まれ育った環境によって左右されることのない」ように，すべての子ども

が心身ともに健やかに育成され，教育の機会均等が保障され，子ども一人ひとりが夢や希望をもつことができるようにするために，子どもの貧困解消に向けて，その対策を総合的に推進することを目的として定められた（第 1 条）。2019（令和元）年の法改正により，これらは子どもの権利条約の精神にのっとって行われるものであることが明記された。このことは，第 2 条の基本理念にも現れている。

　この法律では，子どもの貧困対策を総合的に推進するために，子どもの貧困対策に関する大綱を定めることが政府に義務づけられるとともに，都道府県は，大綱を勘案して子どもの貧困対策についての計画を定めるよう努めなければならない。その重点的に取り組むべき事項として，教育の支援，生活の支援，保護者に対する就労の支援，経済的支援等が規定されている。

　また，内閣府に，子どもの貧困対策会議を設置し，大綱の案を作成するとともに，子どもの貧困対策に関する重要事項の審議やその実施を推進することになっている。

3．子ども家庭福祉領域の法律の動向

（1）2016年の児童福祉法改正
　子ども家庭福祉領域の法律に関する動向として挙げられる大きな動きは，2016（平成28）年に行われた児童福祉法の改正である。児童福祉法は，これまでもたびたび改正されてきたが，制定から70年を迎えようとする2016（平成28）年に初めてその理念規定が改正され，児童福祉法が子どもの権利条約の精神に基づくものであることが明確に示された。これにより，子どもが権利の主体であること，子どもの最善の利益が優先されること，年齢相応の意見が尊重されること，が児童福祉法上明らかにされたのである。

　また，この改正が児童虐待や社会的養護を必要とする子どもの増加等を背景としたものであることから，児童福祉法第 3 条の 2 において，「児童を家庭において養育することが困難であり又は適当でない場合にあつては児童が家庭における養育環境と同様の養育環境において継続的に養育される」こと，これが「適当でない場合にあつては児童ができる限り良好な家庭的環境において養育される」ことが定められ，社会的養護を必要とする子どもたちに対する，国および地方公共団体の責務を確認している。

（2）子どもの権利条約の精神の反映
　子どもの権利条約が，第44回国連総会で採択されたのが1989（平成元）年であった。日本は，1994（平成 6 ）年に，世界で158番目に国内での効力を承認

（批准）した国である。つまり，2019（令和元）年は子どもの権利条約が採択されて30年，日本で批准されて25年であった。これに伴い，先に見てきた通り，国内でもさまざまな動きが見られ，法律の制定や改正が実施されている。

　本章でその詳細を触れなかったところでは，たとえば2016（平成28）年には，「義務教育の段階における普通教育に相当する教育の機会の確保等に関する法律」（平成28年法律第105号）（通称，普通教育機会確保法）が制定されており，教育の面においても，教育基本法の理念と相まって，子どもの権利条約の精神が反映されている。

　また，2019（令和元）年には，親権者等による体罰禁止が盛り込まれた児童福祉法や児童虐待防止法などが改正され，2020（令和2）年より施行された。

（3）2019年以降の法改正とこども基本法およびこども家庭庁設置法の制定

　2016（平成28）年の法改正により，児童虐待防止法第14条に親権の行使に関する配慮等（しつけを名目とした子ども虐待の禁止）が定められたが，2019（令和元）年6月における児童福祉法および児童虐待の防止等に関する法律の改正により，体罰に関する規定が強化された。児童虐待防止法では，「児童の親権を行う者は，児童のしつけに際して，体罰を加えることその他民法第820条の規定による監護及び教育に必要な範囲を超える行為により当該児童を懲戒してはならず，当該児童の親権の適切な行使に配慮しなければならない」（第14条）とされた。合わせて，民法の懲戒権のあり方についても施行後2年をめどに見直しを検討することとなった。

　民法第818条1項では，「成年に達しない子は，父母の親権に服する」とされ，同法第820条には「親権を行う者は，子の利益のためにこの監護及び教育をする権利を有し，義務を負う」ことが規定されている。「子の利益」のために行使されるのが「親権」であるが，これを拡大解釈した，しつけを名目とした児童虐待死亡事例が後を絶たないことが改正の背景にある。

　この改正では他に，①配偶者暴力支援センター等のDV対応機関との連携強化，②切れ目のない支援のため転居先の児童相談所や関係機関への速やかな情報提供，③早期発見につとめるものとして，都道府県警察，婦人相談所，教育委員会，配偶者暴力支援センターが加えられたこと，④学校や教育委員会，児童福祉施設等の職員における守秘義務の明記，⑤児童虐待再発防止のため保護者に対して医学的または心理学的知見に基づく指導を行うこと，⑥児童相談所において，一時保護等の介入を行う職員と保護者支援を行う職員を分けることにより対応を強化すること，などが新たに定められている。

　2022（令和4）年の児童福祉法改正では，従来の子ども家庭総合支援拠点と

子育て世代包括支援センターを見直し，こども家庭センターが設置される。こども支援センターは支援を必要とする子どもや妊産婦等への支援計画を作成することとなる。この他，子どもへの意見聴取の仕組みや，児童相談所が一時保護を開始する際の判断について司法審査を導入するなどの改正がなされた。

　2022（令和 4 ）年には，新たに「こども基本法」と「こども家庭庁設置法」が制定され，2023（令和 5 ）年 4 月 1 日より施行される。

　「こども基本法」は，日本国憲法および子どもの権利条約の精神にのっとって，こども施策を総合的に推進することを目的として制定された。本法に基づいて，政府はこども施策に関する大綱（以下，こども大綱）を定めなければならない（第 9 条）。また，都道府県および市町村は，こども大綱を勘案して，こども施策についての計画を定めるよう努めるものとされた（第10条）。

　この施策を具体化するために，子どもの視点に立って，こども施策に取り組む行政組織としてこども家庭庁を設置するために「こども家庭庁設置法」が制定された。こども基本法第17条および第18条では，特別の機関として，内閣総理大臣を会長とするこども政策推進会議を置き，こども大綱の案を作成することとされた。

演習問題

1．近年の児童福祉法の改正やその背景にある社会状況についてまとめてみよう。
2．児童福祉六法の詳細についてまとめてみよう。
3．表 5 - 2 を見て，本章で触れた以外に関心をもった法律について調べてみよう。

引用・参考文献

石田慎二（2017）「子ども家庭福祉の制度と法体系」倉石哲也・伊藤嘉余子監修，伊藤嘉余子・澁谷昌史編著『MINERVA はじめて学ぶ子どもの福祉 1 　子ども家庭福祉』ミネルヴァ書房，pp.66-72.

柏女霊峰（2018）『子ども家庭福祉論〔第 5 版〕』誠信書房.

小六法編集委員会編（2019）『保育福祉小六法　2019年版』みらい.

小六法編集委員会（2017）『法律等を読み解くうえで必要な基礎知識（『保育福祉小六法2017』補遺）』みらい.

中央法規出版編集部編（2016）『改正児童福祉法・児童虐待防止法のポイント（平成29年 4 月完全施行）―新旧対照表・改正後条文』中央法規出版.

吉田幸恵・山縣文治編著（2019）『やわらかアカデミズム・〈わかる〉シリーズ　新版　よくわかる子ども家庭福祉』ミネルヴァ書房.

（渡邊慶一）

コラム4　諸外国の子ども家庭福祉の動向④　カナダ

カナダの子育て支援が，日本の地域子育て支援に大きな影響を与えてきたことは，よく知られている。親子が気軽に立寄って交流できる親子ひろばは，オンタリオ州のドロップインに由来するが，居場所づくりという活動内容だけでなく，地域の団体やNPOなど民間が運営を行うスタイルも参照されてきた。

カナダの子育て支援の最大の特徴は，この地域の力，民の力ではないだろうか。世界中から移民を受け入れ，今や政治経済の中心となったオンタリオ州の人口の過半数は，アジア，中南米，アフリカ等の出身である。そのような社会で，多様な背景をもつ子どもと家庭が暮らしていくために，地域に根差した多彩な活動が発展してきた。そして活動の多くは，コミュニティベースの活動として始まり，コミュニティの問題はコミュニティで解決してきた。活動を推進する人々は，今コミュニティにどんなニーズがあり，どうすればニーズに応えられるか，それを考えつつ，資金を調達し，新しいサービスを開拓してきた。と同時に，言語も文化も異なる人々を受け入れ，ともに生きる共生の知恵と寛容さを地域に育んでいった。

トロント市（オンタリオ州群）の湾岸部にあるウォーターフロントという地区は，かつては貧困家庭の集まる最も治安の悪い地区であった。1970年代，暴力や犯罪を繰り返す青少年に危機感を募らせた住民たちは，若者のやり場のないエネルギーを音楽，アート，スポーツに注げる居場所づくりを始め，市に働きかけてコミュニティセンターを建てた。その後，コミュニティセンターを拠点に徐々に活動を拡大し，今ではファミリー（0 – 6歳），チルドレン（7 – 11歳），ユース（12 – 24歳），シニア（60歳–），レクリエーション（19歳–）など幅広い分野の100以上のプログラムを提供するにいたっている。

ファミリー部門では，ドロップインや乳幼児健診だけでなく，子育てに不安のある家庭やひとり親家庭を対象に，親子の健康や親業を学ぶプログラム，虐待防止や栄養プログラムなど，出産前から子育て支援を行っている。チルドレン部門では，学童保育をはじめ，経済的に余裕がなく旅行に行けない子どもを対象としたキャンプなど，多彩な活動がある。しかも，お金がなくて参加できない子どもや家庭がないように，子育てに不安がある家庭に向けたプログラムは，参加費を徴収するのではなく，払える人が払う寄付の形を採り，参加してほしい人にはスタッフがそっと声をかけるなど，きめ細かな配慮がされている。

もうひとつ，トロント最大のコミュニティセンターである519センターは，ようやく日本でも関心が高まってきたLGBTQの人々を対象とした拠点である。1970年代，地区の人々がゲイの住民を支援する活動を始めたことがきっかけで，LGBTQの子育て支援，性的マイノリティの青少年へのエンパワメントなど，近年ではトロント市から，LGBTQの児童・青少年教育プログラムの開発を委託されるまでに発展している。

紹介したのはほんの一部であり，トロントにはこのようなコミュニティ独自の活動が数多く展開され，相互に連携して，網の目のような支援になっている。カナダと言えば草の根活動と言われるゆえんである。そして，コミュニティベースの活動の根底には，子どもアドボカシーが根付いていることも忘れてはならない。

しかし，2018年の州議会選挙で政権交代した新政権は，矢継ぎ早に福祉削減を進め，2019年5月1日，残念ながらオンタリオ州子どもアドボカシー事務所は閉鎖された。ただし，多様な人々に寄り添った子ども家庭支援とそれを支える子どもアドボカシーは，政治に翻弄されながらも，これまでと同様に，あるいはそれ以上に一段と進化を遂げるのではないだろうか。カナダの子育て支援からまだまだ目が離せない。

参考文献
畑千鶴乃・大谷由紀子・菊池幸工（2018）『子どもの権利最前線　カナダ・オンタリオ州の挑戦』かもがわ出版.

（大谷由紀子）

トロント　ウォーターフロントコミュニティセンター　建物外観
（撮影：大谷由紀子）

第6章　子ども家庭福祉の制度・事業

　本章では，出生数の減少に伴う「少子化」の動向を踏まえた上で，そうした少子化への対策や少子化社会での子育て支援などの取り組みについて取り上げる。また，子ども家庭福祉の制度・事業に関わって，「地域子ども・子育て支援事業」および「子ども・子育て支援新制度」について取り上げることにする。

1．少子化と子育て支援施策

（1）出生数の減少と少子化の動向

　厚生労働省の人口動態統計によると，2019（平成31）年1～9月の累計出生数は67万3800人であって，これは前年度と比べて5.6％のマイナスとなっている。年々，出生数が減少する日本であるが，年間の出生数は，第1次ベビーブーム（1947（昭和22）～1949（昭和24）年）には約270万人であり，第2次ベビーブーム（1971（昭和46）～1974（昭和49）年）には約210万人であった。ベビーブームとは，ベビー（赤ん坊）の出生が一時的に急増することで，第1次ベビーブーム世代は「団塊の世代」，第2次ベビーブーム世代は「団塊ジュニア」と呼ばれている。

　出生数は，1975（昭和50）年に200万人を割り込み，それ以降，毎年減少し続けている。2018（平成30）年は，前年比2万7,668人減の91万8,397人で過去最低といわれているが，2019年は，推計（速報値）で86万4,000人となり，1899年の統計開始以来，初めて90万人を下回った。

　合計特殊出生率をみると，第1次ベビーブームには4.3を超えていたが，1950（昭和25）年以降急激に低下した。その後，ほぼ2.1台で推移していたが，1975（昭和50）年に2.0を下回ってから再び低下傾向となった。1989（昭和64・平成元）年にはそれまで最低であった1966（昭和41）年の丙午（ひのえうま）の年の1.58を下回る1.57を記録し，さらに，2005（平成17）年には過去最低である1.26まで落ち込んだ。

　近年の合計特殊出生率は1.4前半で推移しているが，2018（平成30）年は，1.42となり，前年比0.01ポイント減となっている。出生数，出生率ともに3年連続の減少となった。日本においては，第2次ベビーブーム以降少子化の一途をたどっている（図6-1）。ちなみに，丙午とは，干支の一つで60年に一度巡ってくる年のことで，「丙午年の生まれの女性は気性が激しく夫の命

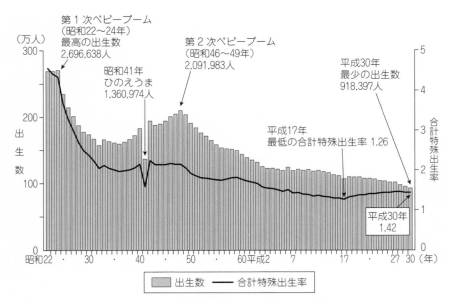

（万人）

第1次ベビーブーム
（昭和22〜24年）
最高の出生数
2,696,638人

昭和41年
ひのえうま
1,360,974人

第2次ベビーブーム
（昭和46〜49年）
2,091,983人

平成30年
最少の出生数
918,397人

平成17年
最低の合計特殊出生率 1.26

平成30年
1.42

出生数 ──合計特殊出生率

図6-1　出生数及び合計特殊出生率の年次推移
出典：厚生労働省「平成30年（2018）人口動態統計月報年計（概数）の概況」.

を縮める」という迷信があることから，この年に出産を控える夫婦が多かった。

（2）これまでの少子化対策の取り組み

　図6-2は，「1.57ショック」以降の日本の少子化対策の取り組みを表している。「1.57ショック」とは，1990（平成2）年の発表で，1989（平成元）年の合計特殊出生率が1.57であったが，それが，それまで最低であった1966（昭和41）年の1.58を下回ったことが判明したときの衝撃を指している。

　1990（平成2）年の「1.57ショック」をきっかけに政府は「少子化」対策に乗り出した。1994（平成6）年12月，文部・厚生・労働・建設省4大臣の合意により「今後の子育て支援のための施策の基本的方向について」（エンゼルプラン）が策定され，政府の子育て支援対策が始まった。エンゼルプランは，今後10年間に取り組むべき基本的方向と重点施策を定めた計画であった。

　その後，1999（平成11）年12月，少子化対策推進関係閣僚会議において，「少子化対策推進基本方針」が決定され，同年12月，大蔵・文部・厚生・労働・建設・自治の6大臣の合意により，「重点的に推進すべき少子化対策の具体的実施計画について」（新エンゼルプラン）が策定された。新エンゼルプランは，従来のエンゼルプランと緊急保育対策等5か年事業を見直したもので，2000（平成12）年度から2004（平成16）年度までの計画であった。

　2003（平成15）年には，次世代育成支援対策推進法，少子化社会対策基本

法が制定され，2004（平成16）年には，少子化社会対策大綱に盛り込まれた
施策の効果的な推進を図るため，「少子化社会対策大綱に基づく具体的実施
計画について」（子ども・子育て応援プラン）が決定された。

　2005（平成17）年，合計特殊出生率は1.26となり，過去最低を記録したこ
とを受け，少子化の進行に対処し，少子化対策の抜本的な拡充，強化，転換
を図るため，2006（平成18）年6月に「新しい少子化対策について」が決定
された。

　2007（平成19）年12月，少子化社会対策会議において「子どもと家族を応
援する日本」重点戦略が取りまとめられた。また，2010（平成22）年1月，
少子化社会対策基本法に基づく新たな大綱「子ども・子育てビジョン」が閣
議決定された。

　待機児童の解消に向けた取り組みとして，都市部を中心に深刻な問題と
なっている待機児童の解消の取り組みを加速化させるため，2013（平成25）
年4月に，2013年度から2017（平成29）年度末までに約40万人分の保育の受
け皿を確保することを目標とした「待機児童解消加速化プラン」が新たに策
定された。2013年6月には，少子化社会対策会議において「少子化危機突破
のための緊急対策」が決定された。

　2014（平成26）年7月に共働き家庭等の「小1の壁」を打破するとともに，
次代を担う人材を育成するため，すべての就学児童が放課後等を安全・安心
に過ごし，多様な体験・活動を行うことができるよう，一体型を中心とした
放課後児童クラブおよび放課後子ども教室の計画的な整備等を進める「放課
後子ども総合プラン」が策定された。さらに，2012（平成24）年に成立した
子ども・子育て関連3法に基づく子ども・子育て支援新制度について，2015
（平成27）年4月1日から本格施行された。

　2016（平成28）年6月に「ニッポン一億総活躍プラン」が閣議で決定され
た。「希望を生み出す強い経済」「夢をつむぐ子育て支援」「安心につながる
社会保障」の「新・三本の矢」の実現をめざすことを目的としたプランであ
る。「夢をつむぐ子育て支援」は，希望出生率1.8の実現のため，安心して子
どもを産み育てられる社会を目指している。この緊急対策として，幼児教育
の無償化，教育費の負担軽減，児童扶養手当の機能の充実，ひとり親家庭・
多子世帯への支援などの施策がある。

　25歳から44歳の女性就業率の上昇や，保育の利用希望の増加が見込まれる
ことから，2017（平成29）年6月に「子育て安心プラン」が公表され，2018
（平成30）年度から2022（令和4）年度末までに女性就業率80％にも対応でき
る約32万人分の保育の受け皿を整備するとしており，子育て支援や子育てと
仕事の両立への支援に関する政策が次々と打ち出されている。

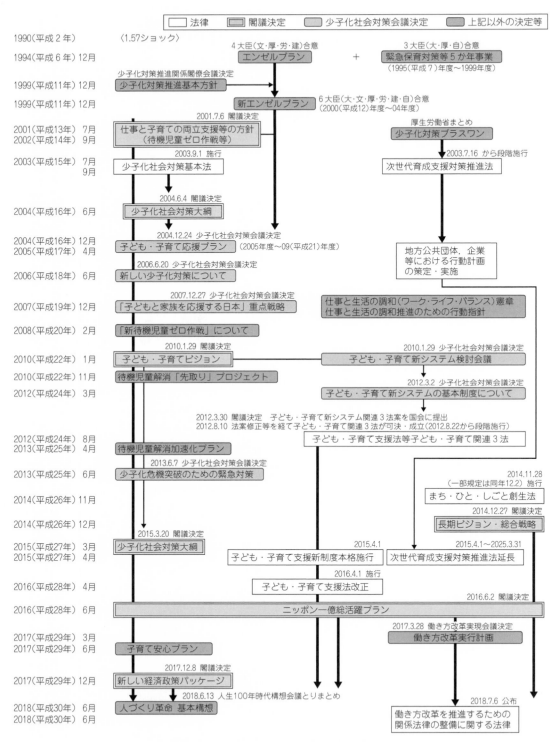

<table>
<tr><td></td><td>□ 法律</td><td>■ 閣議決定</td><td>□ 少子化社会対策会議決定</td><td>■ 上記以外の決定等</td></tr>
</table>

1990（平成2年）　　　　　　　〈1.57ショック〉

1994（平成6年）12月　　　　4大臣（文・厚・労・建）合意　　　　　　　　3大臣（大・厚・自）合意
　　　　　　　　　　　　　　　エンゼルプラン　　　　　＋　　　　緊急保育対策等5か年事業
　　　　　　　　　　　　　　　　　　　　　　　　　　　　　　（1995（平成7）年度～1999年度）

少子化対策推進関係閣僚会議決定
1999（平成11年）12月　　　少子化対策推進基本方針

1999（平成11年）12月　　　　　新エンゼルプラン　　　　6大臣（大・文・厚・労・建・自）合意
　　　　　　　　　　　　　　　　　　　　　　　　　　　　（2000（平成12）年度～04年度）

　　　　　　　　　　　　　2001.7.6 閣議決定
2001（平成13年）7月　　　仕事と子育ての両立支援等の方針　　　　　厚生労働省まとめ
2002（平成14年）9月　　　　（待機児童ゼロ作戦等）　　　　　　　　少子化対策プラスワン

　　　　　　　　　　　　　　　　　　　　　　　　　　　　　　　2003.7.16 から段階施行
2003（平成15年）7月　　　2003.9.1 施行
　　　　　　　　9月　　　少子化社会対策基本法　　　　　　　　次世代育成支援対策推進法

　　　　　　　　　　　　　2004.6.4 閣議決定
2004（平成16年）6月　　　少子化社会対策大綱

　　　　　　　　　　　　　2004.12.24 少子化社会対策会議決定
2004（平成16年）12月　　　子ども・子育て応援プラン　　（2005年度～09（平成21）年度）　　地方公共団体，企業
2005（平成17年）4月　　　　　　　　　　　　　　　　　　　　　　　　　　等における行動計画
　　　　　　　　　　　　　2006.6.20 少子化社会対策会議決定　　　　　　　　の策定・実施
2006（平成18年）6月　　　新しい少子化対策について

　　　　　　　　　　　　　2007.12.27 少子化社会対策会議決定
2007（平成19年）12月　　　「子どもと家族を応援する日本」重点戦略　　仕事と生活の調和（ワーク・ライフ・バランス）憲章
　　　　　　　　　　　　　　　　　　　　　　　　　　　　　　仕事と生活の調和推進のための行動指針
2008（平成20年）2月　　　「新待機児童ゼロ作戦」について

　　　　　　　　　　　　　2010.1.29 閣議決定　　　　　　　　2010.1.29 少子化社会対策会議決定
2010（平成22年）1月　　　子ども・子育てビジョン　　　　　子ども・子育て新システム検討会議

2010（平成22年）11月　　　待機児童解消「先取り」プロジェクト
　　　　　　　　　　　　　　　　　　　　　　　　　　　　　　2012.3.2 少子化社会対策会議決定
2012（平成24年）3月　　　　　　　　　　　　　　　　　　子ども・子育て新システムの基本制度について

　　　　　　　　　　　　　2012.3.30 閣議決定　子ども・子育て新システム関連3法案を国会に提出
　　　　　　　　　　　　　2012.8.10 法案修正等を経て子ども・子育て関連3法が可決・成立（2012.8.22から段階施行）
2012（平成24年）8月
2013（平成25年）4月　　　待機児童解消加速化プラン　　　子ども・子育て支援法等子ども・子育て関連3法
　　　　　　　　　　　　　2013.6.7 少子化社会対策会議決定
2013（平成25年）6月　　　少子化危機突破のための緊急対策
　　　　　　　　　　　　　　　　　　　　　　　　　　　　　　　2014.11.28
　　　　　　　　　　　　　　　　　　　　　　　　　　　　　　　（一部規定は同年12.2）施行
2014（平成26年）11月　　　　　　　　　　　　　　　　　　まち・ひと・しごと創生法

　　　　　　　　　　　　　　　　　　　　　　　　　　　　　2014.12.27 閣議決定
2014（平成26年）12月　　　　　　　　　　　　　　　　　　長期ビジョン・総合戦略

　　　　　　　　　　　　　2015.3.20 閣議決定　　　　　　2015.4.1
2015（平成27年）3月　　　少子化社会対策大綱
2015（平成27年）4月　　　　　　　　　子ども・子育て支援新制度本格施行　　次世代育成支援対策推進法延長
　　　　　　　　　　　　　　　　　　　　　　　　　　　　　　　　　　（2015.4.1～2025.3.31）
　　　　　　　　　　　　　　　　　　　2016.4.1 施行
2016（平成28年）4月　　　　　　　　　子ども・子育て支援法改正
　　　　　　　　　　　　　　　　　　　　　　　　　　　　　　　2016.6.2 閣議決定
2016（平成28年）6月　　　ニッポン一億総活躍プラン

　　　　　　　　　　　　　　　　　　　　　　　　　　　　　2017.3.28 働き方改革実現会議決定
2017（平成29年）3月　　　子育て安心プラン
2017（平成29年）6月　　　　　　　　　　　　　　　　　　働き方改革実行計画

　　　　　　　　　　　　　2017.12.8 閣議決定
2017（平成29年）12月　　　新しい経済政策パッケージ

　　　　　　　　　　　　　　　2018.6.13 人生100年時代構想会議とりまとめ　　　　　2018.7.6 公布
2018（平成30年）6月　　　人づくり革命　基本構想　　　　　　　　　　　　　　働き方改革を推進するための
2018（平成30年）6月　　　　　　　　　　　　　　　　　　　　　　　　　　　関係法律の整備に関する法律
</table>

図6-2　これまでの少子化対策の取り組み

出典：内閣府「令和元年版　少子化社会対策白書」.

（3）子育てを支援する法

　内閣府では，少子化社会対策大綱に基づいて，結婚，妊娠，子ども・子育てに温かい社会の実現を目指して，さまざまな施策を推進している。総合的かつ長期的な少子化に対処するための少子化社会対策基本法に基づく指針として，2015年3月20日に，「少子化社会対策大綱～結婚，妊娠，子供・子育てに温かい社会の実現をめざして～」を新たに策定し，それが閣議で決定された。その内容は次のようになっている。

　まず，「基本的な考え方～少子化対策は新たな局面に～として」では，以下の①から⑤が挙げられている。

　　① 結婚や子育てしやすい環境となるよう，社会全体を見直し，これまで以上に対策を充実
　　② 個々人が結婚や子どもについての希望を実現できる社会をつくることを基本的な目標（個々人の決定に特定の価値観を押し付けたり，プレッシャーを与えたりすることがあってはならないことに留意）
　　③「結婚，妊娠・出産，子育ての各段階に応じた切れ目のない取組」と「地域・企業など社会全体の取組」を両輪として，きめ細かく対応
　　④ 今後5年間を「集中取組期間」と位置づけ，Ⅲ（図6-3）で掲げる重点課題を設定し，政策を効果的かつ集中的に投入
　　⑤ 長期展望に立って，子どもへの資源配分を大胆に拡充し，継続的かつ総合的な対策を推進

　また，図6-3に示すように，5つの重点課題が設定されている。

　　① 子育て支援施策を一層充実

　　　昨今，核家族化が進み，女性の社会進出が増加するとともに共働き家庭が増え，地域とのつながりが希薄となってきているなど，子育てをめぐる環境が大きく変化してきているといえる。そのようななか，子育て家庭におけるさまざまなニーズに対応するとともに，一人一人の子どもの健やかな育ちを実現するため，子どもや子育て支援の更なる充実を図ることが最も重要であるといえる。今後，地域のニーズに応じて，利用者支援事業・地域子育て支援拠点・一時預かりなど多様な保育等を充実し，推進していくことが重要である。

　　② 若い年齢での結婚・出産の希望の実現

　　　少子化の原因として挙げられていることは，未婚の増加，晩婚化の進展，夫婦の出生力の低下であり，その背景にあるものとして，仕事と子育てを両立できる環境整備の遅れや高学歴化，結婚・出産に対する価値観の変化，子育てに対する負担感の増大，経済的不安定の増大等が考えられる。今後は上記の点を踏まえ，結婚に対する取り組みの支援を行い，

Ⅲ 重点課題

1. 子育て支援施策を一層充実

○「子ども・子育て支援新制度」の円滑な実施
- 財源を確保しつつ、「量的拡充」と「質の向上」
- 都市部のみならず、地域の実情に応じた子育て支援に関する施設・事業の計画的な整備
⇒27年4月から施行。保育の受け皿確保等による「量的拡充」と保育士等の処遇改善等による「質の向上」
⇒地域のニーズに応じて、利用者支援事業、地域子育て支援拠点、一時預かり、多様な保育等を充実
⇒今後さらに「質の向上」に努力

○待機児童の解消
- 「待機児童解消加速化プラン」「保育士確保プラン」
⇒認定こども園、保育所、幼稚園等を整備し、新たな受け入れを大胆に増加。処遇改善や人材育成を含めた保育士の確保
⇒29年度末までに待機児童の解消をめざす

○「小1の壁」の打破
- 「放課後子ども総合プラン」
⇒小3までから小6までに対象が拡大された放課後児童クラブを、31年度末までに約30万人分整備

2. 若い年齢での結婚・出産の希望の実現

○経済的基盤の安定
- 若者の雇用の安定
⇒若者雇用対策の推進のための法整備等
- 高齢世代から若者世代への経済的支援促進
⇒教育に加え、結婚・子育て資金一括贈与非課税制度創設
- 若年者や低所得者への経済的負担の軽減

○結婚に対する取組支援
- 自治体や商工会議所による結婚支援
⇒適切な出会いの機会の創出・後押しなど、自治体や商工会議所等による取組を支援

3. 多子世帯へ一層の配慮

○子育て・保育・教育・住居などの負担軽減
⇒幼稚園、保育所等の保育料無償化の対象拡大等の検討や保育所優先利用

○自治体、企業、公共交通機関などによる多子世帯への配慮・優遇措置の促進
⇒子供連れにお得なサービスを提供する「子育て支援パスポート事業」での多子世帯への支援の充実の促進

4. 男女の働き方改革

○男性の意識・行動改革
- 長時間労働の是正
⇒長時間労働の抑制等のための法整備、「働き方改革」
- 人事評価の見直しなど経営者等の意識改革
⇒部下の子育てを支援する上司等を評価する方策を検討
- 男性が出産直後から育児できる休暇取得
⇒企業独自の休暇制度導入や育休取得促進

○「ワークライフバランス」・「女性の活躍」
- 職場環境整備や多様な働き方の推進
⇒フレックスタイム制の弾力化、テレワークの推進
- 女性の継続就労やキャリアアップ支援
⇒「女性活躍推進法案」

5. 地域の実情に即した取組強化

○地域の「強み」を活かした取組
- 地域少子化対策強化交付金等により取組支援
- 先進事例を全国展開

○「地方創生」と連携した取組
- 国と地方が緊密に連携した取組

図6-3　少子化社会対策大綱（概要）
～結婚，妊娠，子供・子育てに温かい社会の実現をめざして～　重点課題

資料：内閣府.

若い年齢での結婚・出産の希望が実現できる環境整備に取り組むとされている。

③　多子世帯へ一層の配慮

夫婦が理想とする子どもをもつ数は2人以上を希望し，夫婦の約45%が3人以上の子どもをもつことを理想としている，実際は，2015（平成27）年の出生動向基本調査（国立社会保障・人口問題研究所）の結果では，子どもの数は1.68人となっている。現在も児童手当の第3子以降の増額などの取り組みを行っているが，すべての子育て家庭を支援していくなかで，3人以上の子どもをもちたいとの希望を実現するための環境を整備するため，子育て，保育，教育，住居など様々な面での負担軽減や，社会のすべての構成員による多子世帯への配慮の促進に取り組むとされている。

④　男女の働き方改革

総務省「2016（平成28）年社会生活基本調査」によると，6歳未満の

Ⅳ　きめ細かな少子化対策の推進

1. 各段階に応じた支援

○結婚
・ライフデザインを構築するための情報提供
⇒結婚、子育て等のライフイベントや学業、キャリア形成など人生設計に資する情報提供やコンサル支援

○妊娠・出産
・「子育て世代包括支援センター」の整備
⇒妊娠期から子育て期にわたるまでの総合的な相談支援を提供するワンストップ拠点を整備し、切れ目のない支援を実施
・産休中の負担軽減
⇒出産手当金による所得補償と社会保険料免除
・産後ケアの充実
⇒産後ケアガイドラインの策定検討
・マタニティハラスメント・パタニティハラスメントの防止 ⇒ 企業への指導の強化・徹底
・周産期医療の確保・充実等

○子育て
・経済的負担の緩和　⇒幼児教育の無償化の段階的実施
・三世代同居・近居の促進　・小児医療の充実
・地域の安全の向上　⇒子供の事故や犯罪被害防止
・障害のある子供、貧困の状況にある子供など様々な家庭・子供への支援
⇒障害のある子供への支援、子供の貧困対策、ひとり親家庭支援、児童虐待防止

○教育
・妊娠や出産に関する医学的・科学的に正しい知識の教育　⇒　教材への記載と教職員の研修

○仕事
・正社員化の促進や処遇改善
・ロールモデルの提示
⇒就労する・しない、子供を持ちながら働き続ける、地域で活躍を続ける等のロールモデルの提示
・「地方創生」と連携した地域の雇用創出

2. 社会全体で行動し、少子化対策を推進

○結婚、妊娠、子供・子育てに温かい社会づくり
・マタニティマーク、ベビーカーマークの普及
・子育て支援パスポート事業の全国展開

○企業の取組
・企業の少子化対策や両立支援の取組の「見える化」と先進事例の情報共有
⇒次世代育成支援対策推進法に基づく行動計画の策定促進
・表彰やくるみんマーク普及によるインセンティブ付与

Ⅴ　施策の推進体制等

○国の推進体制　・内閣総理大臣を長とする「少子化社会対策会議」を中心に、「まち・ひと・しごと創生本部」と連携しつつ、政府一体で推進

○施策の検証・評価　・数値目標を設定
・自治体・企業も対象とする検証評価の方策を検討

○大綱の見直し　・おおむね5年後を目途に見直し

図6-4　少子化社会対策大綱（概要）
〜結婚，妊娠，子供・子育てに温かい社会の実現をめざして〜　きめ細やかな少子化対策の推進
資料：内閣府.

子どもを持つ夫婦の夫の家事・育児関連時間（週全体1日あたり）は1時間23分と諸外国に比べても男性の家事・育児参画時間は低水準となっている。その要因の一つは，総務省「労働力調査」によると，週労働時間60時間以上の男性就業者の割合は2013（平成25）年の調査結果で，17.6％と30代が最も高かった。30代といえば子育て世代であることからも男性の家事・育児への参画が少ないのは長時間労働であると思われる。

このため，長時間労働の是正，人事評価制度の見直しなど経営者・管理職の意識改革，男性の出産直後からの育児のための休暇取得の促進など，男性の意識・行動改革に取り組むとともに，「ワーク・ライフ・バランス」・「女性の活躍」を推進するとされている。

⑤ 地域の実情に即した取り組み強化

少子化の状況や原因は地域によってさまざまであるが，子育ては地域の実情に即した取り組みを進めていることが重要である。

地域少子化対策強化交付金等により地域の強みを活かした取り組みを

基本目標

個々人が希望する時期に結婚でき、かつ、希望する子供の数と生まれる子供の数との乖離をなくしていくための環境を整備し、国民が希望を実現できる社会をつくる

主な施策の数値目標（2020年）

子育て支援

☐ 認可保育所等の定員： **267万人** (2017年度) (234万人 (2014年4月))
　　⇒ 待機児童 **解消** をめざす (2017年度末) (21,371人 (2014年4月))

☐ 放課後児童クラブ： **122万人** (94万人 (2014年5月))
　　⇒ 待機児童 **解消** をめざす (2019年度末) (9,945人 (2014年5月))

☐ 地域子育て拠点事業： **8,000か所** (6,233か所 (2013年度))
☐ 利用者支援事業： **1,800か所** (291か所 (2014年度))
☐ 一時預かり事業： **延べ1,134万人** (延べ406万人 (2013年度))
☐ 病児・病後児保育： **延べ150万人** (延べ52万人 (2013年度))
☐ 養育支援訪問事業： **全市町村** (1,225市町村 (2013年4月))

☐ 子育て世代包括支援センター： **全国展開** 支援ニーズの高い妊産婦への支援実施の割合 **100%**

男女の働き方改革（ワークライフバランス）

■ 男性の配偶者の出産直後の休暇取得率： **80%** (－)　　☐ 第1子出産前後の女性の継続就業率： **55%** (38.0% (2010年))
☐ 男性の育児休業取得率： **13%** (2.03% (2013年度))

教育

■ 妊娠・出産に関する医学的・科学的に正しい知識についての理解の割合： **70%** (34% (2009年)) (注)先進諸国の平均は約64%

結婚・地域

■ 結婚・妊娠・出産・子育ての各段階に対応した総合的な少子化対策を実施している地方自治体数： **70%以上の市区町村** (243市区町村 (約14%) (2014年末))

企業の取組

■ 子育て支援パスポート事業への協賛店舗数： **44万店舗** (22万店舗 (2011年))

結婚、妊娠、子供・子育てに温かい社会

■ 結婚、妊娠、子供・子育てに温かい社会の実現に向かっていると考える人の割合： **50%** (19.4% (2013年度))

■は新規の目標

図6-5　少子化社会対策大綱（概要）
〜結婚，妊娠，子供・子育てに温かい社会の実現をめざして〜　施策の推進体制

資料：内閣府.

支援し，先進事例を全国展開するとともに，少子化対策は地方を創生する上でも極めて重要であり，「地方創生」との連携を意識しながら国と地方が緊密に連携した取り組みを推進する，「地方創生」と連携した取り組みを推進するとしている。

さらに，重点課題に加え，図6-4に示すように，長期的な視点に立って，きめ細かな少子化対策が2点打ち出されている。すなわち，① 結婚，妊娠・出産，子育ての各段階に応じ，一人一人を支援する，② 社会全体で行動し，少子化対策を推進する，の2点である。

なお，「少子化対策集中取組期間」において，国は，内閣総理大臣を長とし，政府一体となって早期・集中的な少子化対策に取り組むことになっている。また，少子化対策の成果を検証・評価するため，国民や住民から分かりやすい形での「見える化」を進めるとともに，個別施策について2020年を目

途とした数値目標を設定し，その進捗をフォローアップすることとしている。主な施策の数値目標（2020年）等は，図6-5のとおりである。

2．地域子ども・子育て支援事業

（1）地域子ども・子育て支援事業

　地域子ども・子育て支援事業は，子ども・子育て家庭を対象とする事業として，地域の実情に応じて取り組むものであるが，これまで推進されてきた事業を含め，13事業が法定の事業（子ども・子育て支援法第59条）となっている。その事業名は以下のとおりである。

---

① 利用者支援事業（事業の利用にあたっての情報提供や相談への対応，関係機関との連絡調整）

② 地域子育て支援拠点事業（交流機能，相談機能，情報提供機能）

③ 妊婦健康診査

④ 乳児家庭全戸訪問事業（こんにちは赤ちゃん事業）

⑤ 養育支援訪問事業・その他要支援児童，要保護児童等の支援に資する事業

⑥ 子育て短期支援事業（ショートステイ事業，トワイライトステイ事業）

⑦ ファミリー・サポート・センター事業

⑧ 一時預かり（保育所型，地域密着型，地域密着Ⅱ型）

⑨ 延長保育事業（11時間の開所を超えて行う事業）

⑩ 病児・病後児保育事業（病児対応，病後児対応，体調不良児対応，非施設型・訪問型）

⑪ 放課後児童クラブ

⑫ 実費徴収に係る補足給付を行う事業

⑬ 多様な主体が本制度に参入することを促進するための事業

（2）地域子育て支援拠点事業の実施か所数の推移

　図6-6は「地域子育て支援拠点事業の実施か所数の推移（事業類別型）」を表している。実施か所数は年々増加しており，2016年度は7,063か所であったが，2017年度は7,259か所と対前年度は196か所増となっている。

（3）地域子ども・子育て支援事業の実施状況

　地域子ども・子育て支援事業は，子ども・子育て支援法第59条に規定する事業であり，市町村は，市町村子ども・子育て支援事業画に従って事業を実施することとされているが，地域子ども・子育て支援事業の実施状況に関しては，表6-1に示しているとおりである。

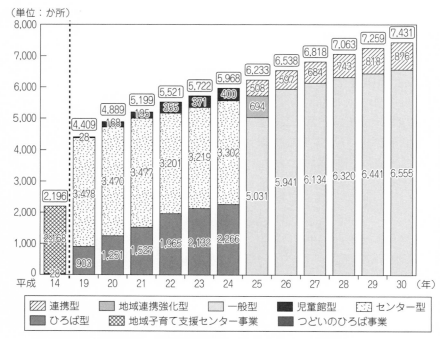

（単位：か所）

図6-6　地域子育て支援拠点事業の実施か所数の推移（事業類別型）

注：平成14年度は地域子育て支援センター事業・つどいの広場事業実施数.
　　実施か所数は交付決定ベース（25年度は国庫補助対象分）.
　　25年度・26年度に類型の変更を行っている.

表6-1　地域子ども・子育て支援事業の実施状況

主な事業	実施状況 （※平成28年3月3日時点）	少子化社会対策大綱に おける目標値
利用者支援事業	422市町村／635か所※	1,800か所（2019年度末）※
延長保育事業	1,108市町村 ／実利用人数約65万人	101万人（2019年度）
放課後児童健全育成事業	1,560市町村／約102万人	122万人（2019年度末）
子育て短期支援事業	719市町村 ショートステイ：延べ約11万人 トワイライトステイ：延べ約7万人	ショートステイ：延べ16万人 トワイライトステイ：延べ14万人 （2019年度）
養育支援訪問事業	1,013市町村	全市町村（2019年度）
地域子育て支援拠点事業	1,484市町村／6,818か所	8,000か所（2019年度）
一時預かり事業	1,343市町村／延べ約518万人	延べ1,134万人（2019年度）
病児保育事業	792市町村／延べ約61万人	延べ150万人（2019年度）
ファミリー・サポート・ センター事業	809市町村	950市町村（2019年度）

注：利用者支援事業のか所数は，いずれも「基本型」＋「特定型」
出典：内閣府子ども・子育て本部「平成28年度 子ども・子育て支援新制度 施行状況報告」より作
　　　成.

子ども・子育て支援新制度の概要

市町村主体		国主体

［認定こども園・幼稚園・保育所・小規模保育など］
共通の財政支援

［地域の実情に応じた］
子育て支援

［仕事・子育て両立支援事業］

施設型給付

認定こども園 0〜5歳

幼保連携型

※幼保連携型については，認可・指導監督の一本化，学校及び児童福祉施設としての法的位置づけを与える等，制度改善を実施

幼稚園型	保育所型	地方裁量型

幼稚園 3〜5歳	保育所 0〜5歳

※私立保育所については，児童福祉法第24条により市町村が保育の実施義務を担うことに基づく措置として，委託費を支弁

地域型保育給付

小規模保育，家庭的保育，居宅訪問型保育，事業所内保育

地域子ども・子育て支援事業

- 利用者支援事業
- 地域子育て支援拠点事業
- 一時預かり事業
- 乳児家庭全戸訪問事業
- 養育支援訪問事業等
- 子育て短期支援事業
- 子育て援助活動支援事業（ファミリー・サポート・センター事業）

- 延長保育事業
- 病児保育事業
- 放課後児童クラブ

- 妊婦健診
- 実費徴収に係る補足給付を行う事業
- 多様な事業者の参入促進・能力活用事業

仕事・子育て両立支援事業

- 企業主導型保育事業
⇒事業所内保育を主軸とした企業主導型の多様な就労形態に対応した保育サービスの拡大を支援（整備費，運営費の助成）

- 企業主導型ベビーシッター利用者支援事業
⇒繁忙期の残業や夜勤等の多様な働き方をしている労働者が，低廉な価格でベビーシッター派遣サービスを利用できるよう支援

図6-7　子ども・子育て支援新制度の体系（2016年4月）

出典：内閣府HP.

3．子ども・子育て支援新制度

　子ども・子育て支援新制度は，幼児期の学校教育や保育，地域の子育て支援の量の拡充や質の向上を進めていくためにつくられた制度である。必要とするすべての家庭が利用でき，子どもたちがより豊かに育つことができる支援を目指し，取り組みが進められている。

（1）子ども・子育て支援新制度の概要

　2012（平成24）年8月年に成立した「子ども・子育て支援法」，「認定こども園法の一部改正」，「子ども・子育て支援法及び認定こども園法の一部改正法の施行に伴う関係法律の整備等に関する法律」の子ども・子育て支援関連3法に基づく制度のことを「子ども・子育て支援新制度」という。

　「子ども・子育て支援関連3法」の主なポイントは，①認定こども園，幼稚園，保育所を通じた共通の給付（「施設型給付」）及び小規模保育等への給付（「地域型保育給付」）の創設，②認定こども園制度の改善（幼保連携型認定こども園の改善等），③地域の実情に応じた子ども・子育て支援（利用

「利用者支援事業」の概要

事業の目的

○ 子育て家庭や妊産婦が、教育・保育施設や地域子ども・子育て支援事業、保健・医療・福祉等の関係機関を円滑に利用できるように、身近な場所での相談や情報提供、助言等必要な支援を行うとともに、関係機関との連絡調整、連携・協働の体制づくり等を行う

実施主体

○ **市区町村**とする。ただし、市区町村が認めた者への委託等を行うことができる。

地域子育て支援拠点事業と一体的に運営することで、市区町村における子育て家庭支援の機能強化を推進

3つの事業類型

基本型

○ 「基本型」は、「利用者支援」と「地域連携」の2つの柱で構成している。

【利用者支援】	【地域連携】
地域子育て支援拠点等の身近な場所で、 ○子育て家庭等から日常的に相談を受け、個別のニーズ等を把握 ○子育て支援に関する情報の収集・提供 ○子育て支援事業や保育所等の利用に当たっての助言・支援 →当事者の目線に立った、寄り添い型の支援	○より効果的に利用者が必要とする支援につながるよう、地域の関係機関との連絡調整、連携・協働の体制づくり ○地域に展開する子育て支援資源の育成 ○地域で必要な社会資源の開発等 →地域における、子育て支援のネットワークに基づく支援

《職員配置》専任職員（利用者支援専門員）を1名以上配置
※子ども・子育て支援に関する事業（地域子育て支援拠点事業など）の一定の実務経験を有する者で、子育て支援員基本研修及び専門研修（地域子育て支援コース）の「利用者支援事業（基本型）」の研修を修了した者等

特定型（いわゆる「保育コンシェルジュ」）	母子保健型
○ **主として市区町村の窓口**で、子育て家庭等から保育サービスに関する相談に応じ、地域における保育所や各種の保育サービスに関する情報提供や利用に向けての支援などを行う 《職員配置》専任職員（利用者支援専門員）を1名以上配置 ※子育て支援員基本研修及び専門研修（地域子育て支援コース）の「利用者支援事業（特定型）」の研修を修了している者が望ましい	○ **主として市町村保健センター等**で、保健師等の専門職が、妊娠期から子育て期にわたるまでの母子保健や育児に関する妊産婦等からの様々な相談に応じ、その状況を継続的に把握し、支援を必要とする者が利用できる母子保健サービス等の情報提供を行うとともに、関係機関と協力して支援プランの策定などを行う 《職員配置》母子保健に関する専門知識を有する保健師、助産師等を1名以上配置

図6-8 利用者支援事業の概要

出典：厚生労働省 HP.

者支援，地域子育て支援拠点，放課後児童クラブなどの「地域子ども・子育て支援事業」）の充実，④基礎自治体（市町村）が実施主体，⑤社会全体による費用負担，⑥政府の推進体制，⑦子ども・子育て会議の設置である。

子ども・子育て支援新制度の体系（2016年4月）は，図6-7のとおりである。

（2）子ども・子育て支援新制度における利用者支援事業

図6-8の「利用者支援事業の概要」については，子ども・子育て支援の推進にあたって，子どもおよびその保護者等の子育て家庭，または妊産婦が教育・保育施設や地域の子ども・子育て支援事業，保健，医療，福祉等の関係機関を円滑に利用できるよう，身近な実施場所で情報収集と提供を行い，必要に応じ相談・助言等を行うとともに，関係機関との連絡調整等を実施し，支援を行っていくことを目的としている。

主な事業内容は「利用者支援」と「地域連携」の2つになる。「利用者支援」とは，子育て家庭の「個別ニーズ」を把握し，教育・保育施設および地域子育て支援事業等の利用にあたっての「情報集約・提供」「相談」「利用支

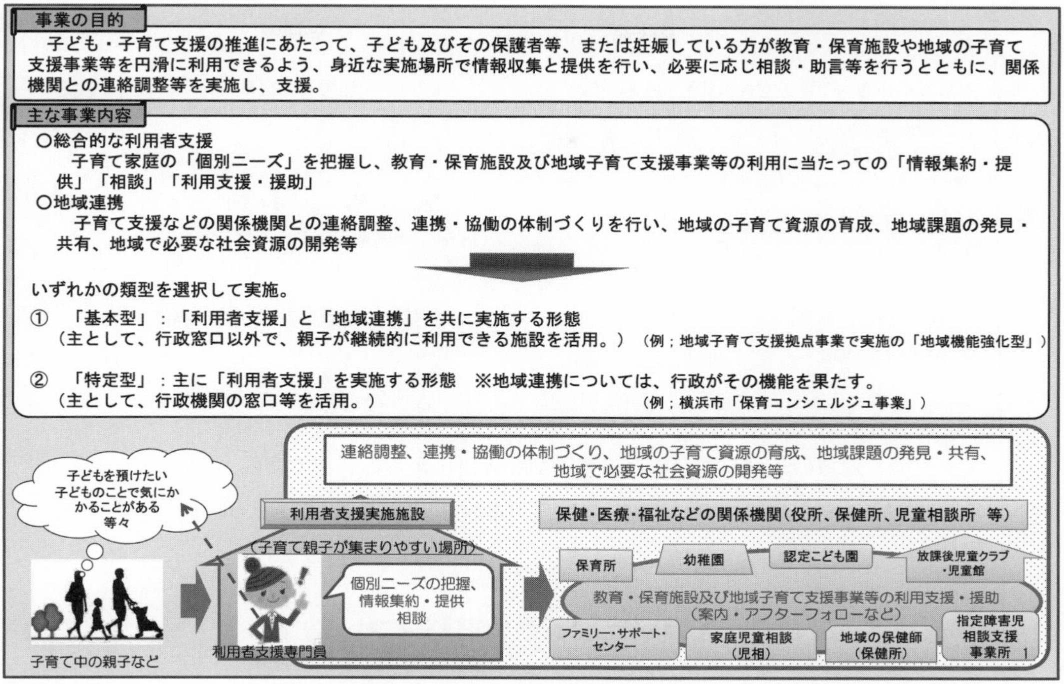

事業の目的

子ども・子育て支援の推進にあたって、子ども及びその保護者等、または妊娠している方が教育・保育施設や地域の子育て支援事業等を円滑に利用できるよう、身近な実施場所で情報収集と提供を行い、必要に応じ相談・助言等を行うとともに、関係機関との連絡調整等を実施し、支援。

主な事業内容

○総合的な利用者支援
　子育て家庭の「個別ニーズ」を把握し、教育・保育施設及び地域子育て支援事業等の利用に当たっての「情報集約・提供」「相談」「利用支援・援助」
○地域連携
　子育て支援などの関係機関との連絡調整、連携・協働の体制づくりを行い、地域の子育て資源の育成、地域課題の発見・共有、地域で必要な社会資源の開発等

いずれかの類型を選択して実施。

①　「基本型」：「利用者支援」と「地域連携」を共に実施する形態
　（主として、行政窓口以外で、親子が継続的に利用できる施設を活用。）　（例；地域子育て支援拠点事業で実施の「地域機能強化型」）

②　「特定型」：主に「利用者支援」を実施する形態　※地域連携については、行政がその機能を果たす。
　（主として、行政機関の窓口等を活用。）　（例；横浜市「保育コンシェルジュ事業」）

図6-9　利用者支援事業について

出典：厚生労働省 HP.

援・援助」を行うものである。また、「地域連携」とは、子育て支援などの関係機関との連絡調整、連携・協働の体制づくりを行い、地域の子育て資源の育成、地域課題の発見・共有、地域で必要な社会資源の開発等を行うものである。

　事業実施の形態は、利用者支援事業の実施については、「基本型」と「特定型」のいずれかの形態を選択することになる。「基本型」は、利用者支援と地域連携を共に実施する形態で、主として、行政窓口以外で、親子が継続的に利用できる施設を活用するものである。「特定型」とは、主に利用者支援を実施する形態で、主として、行政機関の窓口等を活用するものである。

（3）子ども・子育て支援新制度における利用者支援事業の役割について

　市町村は、地域の子育て家庭の状況や子育て支援へのニーズをしっかり把握し、5年間を計画期間とする「市町村子ども・子育て支援事業計画」を策定し、都道府県や国は、こうした市町村の取り組みを制度面、財政面から支えることになる。

　このように、市町村が責務を果たし、地域の子育て家庭のニーズを実際の

車の両輪

市町村子ども・子育て支援事業計画

5年間の計画期間における幼児期の学校教育・保育・地域の子育て支援についての需給計画。（新制度の実施主体として，全市町村で作成。）

• 地域全体の子育て家庭のニーズ（潜在的ニーズも含む）を基に「需要」を見込む。

• 需要に応じて，多様な施設や事業を組み合わせた，「供給」体制を確保。

利用者支援事業

• 個別の子育て家庭のニーズを把握して，適切な施設・事業等を円滑に利用できるよう支援。（「利用者支援」）

• 利用者支援機能を果たすために，日常的に地域の様々な子育て支援関係者とネットワークの構築，不足している社会資源の開発を実施。（「地域連携」）

地域の子育て家庭にとって適切な施設・事業の利用の実現

図6-10　子ども・子育て支援新制度における利用者支援事業の役割について

出典：厚生労働省 HP.

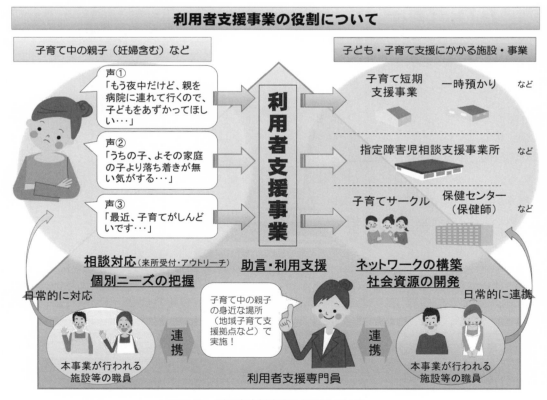

図6-11　利用者支援事業の役割について

出典：厚生労働省 HP.

施設や事業等の利用に結び付けるうえで，市町村子ども・子育て支援事業計画とともに「車の両輪」ともなる極めて重要な事業が「利用者支援事業」であり，多くの市町村で実施されることが望まれるものである。

　子ども・子育て支援新制度における利用者支援事業の役割が，支援事業等を円滑に利用できるよう，身近な実施場所で情報収集と提供を行い，必要に応じ相談・助言等を行うとともに，関係機関との連絡調整等を行うことにある。

演習問題

1．これまでの少子化対策の取り組みについてまとめてみよう。
2．「地域子ども・子育て支援事業」の13事業の概要を理解し，まとめてみよう。
3．「地域子育て支援拠点事業の実施か所数の推移（事業類別型）」のグラフを見て，実施か所数の推移について話し合ってみよう。

引用・参考文献

いとう総研資格取得支援センター編集（2019）『見て覚える！　社会福祉士国試ナビ2020』中央法規.

一般社団法人全国保育士養成協議会監修，西郷泰之・宮島清編集（2019）『ひと目でわかる保育者のための児童家庭福祉データブック2020』中央法規.

才村　純・芝野松次郎・新川泰弘・宮野安治編著（2019）『子ども家庭福祉専門職のための子育て支援入門』ミネルヴァ書房.

山縣文治編（2014）『よくわかる家庭福祉』ミネルヴァ書房

吉田眞理著（2018）『児童の福祉を支える子ども家庭福祉』萌文書院.

内閣府「令和元年版　少子化社会対策白書」
　　https://www8.cao.go.jp/shoushi/shoushika/whitepaper/measures/w2019/r01pdfhonpen/pdf/s2-1-3.pdf（2019年12月11日閲覧）

厚生労働省「平成30年（2018）人口動態統計月報年計（概数）の概況」
　　https://www.mhlw.go.jp/toukei/saikin/hw/jinkou/geppo/nengai18/index.html（2019年12月12日閲覧）

厚生労働省「地域子育て支援拠点事業実施状況」
　　https://www.mhlw.go.jp/stf/seisakunitsuite/bunya/kodomo/kodomo_koso-date/kosodate/index.html（平成31年12月12日閲覧）

内閣府・子ども子育て本部「子ども・子育て支援新制度について」
　　https://www8.cao.go.jp/shoushi/shinseido/outline/index.html
　　（2019年11月26日閲覧）

「少子化社会対策大綱」

　　　https://www8.cao.go.jp/shoushi/shoushika/law/t_mokuji.html
　　　（2019年11月27日閲覧）
「男性にとっての仕事と家事・育児参画　男性の労働時間」「男女共同参画局」
　　　https://www.gender.go.jp/policy/men_danjo/kiso_chishiki2.html
　　　（2019年12月12日閲覧）
内閣府「少子化対策の現状と課題」
　　　https://www8.cao.go.jp/shoushi/shoushika/whitepaper/measures/w-2015/
　　　27webgaiyoh/html/gb1_s2-3.html（2019年12月12日閲覧）
国立社会保障・人口問題研究所「第Ⅲ部　独身者・夫婦調査共通項目の結果概
　　　要：第1章 子どもについての考え方」
　　　https://www.ipss.go.jp/psdoukou/j/doukou15/report15html/NFS15R_
　　　html10.html（2019年12月12日閲覧）
内閣府「地域子ども・子育て支援事業について」
　　　https://www8.cao.go.jp/shoushi/shinseido/administer/setsumeikai/
　　　h270123/pdf/s3-1.pdf（2019年12月13日閲覧）

　　　　　　　　　　　　　　　　　　　　　　　　　　　（室谷雅美）

コラム5　諸外国の子ども家庭福祉の動向⑤　ニュージーランド

　ニュージーランドの社会的養護は，その多くが家庭的養護であり，施設養護は数少ない。ここでは，クライストチャーチの短期収容型児童養護施設のコルモンデリー（Cholmondeley）短期児童養護施設を紹介する。

　コルモンデリー短期児童養護施設は，親が就職活動中であるなど，なんらかの事情で養育を受けられない児童を短期間受け入れるレスパイトケア施設である。この短期収容型児童養護施設は，3～12歳の児童が対象である。1925年に篤志家が運営し始め，設立当初は貧困家庭の児童が対象であり，孤児院として運営していた。それから90年経って，NZの児童福祉が施設養護ではなく，家庭的養護中心へと変わり，ニーズが多様化した。この施設は，その変化を受け入れて短期入所施設となり，多問題を抱える家族のニーズに対応するようになった。ベッドは25床である。この施設は，気軽に利用できる駆け込み寺としての役割があるため，施設利用は無料となっている。

　2011年カンタベリー地震以降，NZでは失業，経済的困難者が増加した。そうしたこともあって，この施設には，精神的に落ち込んでいる家族からのサポート要請が急増している。入所児童の70％は両親，祖父母から要請による入所であり，2～3日の利用が多い。残り30％は，児童相談所 Child Youth and Family（CYF）や民間の里親支援団体からの要請によるものである。

　2017年度は年間で499人の児童を短期で受け入れている。毎年の利用児童数の平均は300人である。近年の利用者の割合はマオリが30％占めており，タイ，中国などもあって，多国籍になりつつある。常駐スタッフは平均15人であり，ソーシャルワーカー，ケアスタッフ，保育士，教員，アルバイト，地域のボランティアなどで構成されている。SWの実習先にもなっている。夜間にもスタッフは常駐している。電話サポートも24時間おこなっている。

　養育里親（Foster Family）がレスパイトケアのために，この施設を利用する場合もある。里親が利用できるレスパイトケアサービスは少ないので，短期的に児童を預かるサービスがあることで，里親にとってのサポートネットワークともなっている。精神的に問題を抱える子どもについても，日本ではドロップインセンターなどのレスパイトサービスはあるが，通常の児童や里親，祖父母のための短期入所施設はない。子育てに疲れたから今週休みたいというようなサービス機関はない。

　また近年の特徴として，スキップファミリーといわれる祖父母─孫世帯が増加している。祖父母からの要請は増えている。日頃の子育てに疲れたことや習い事や日常生活能力をスキルアップさせるというニーズで利用することが多い。最長期間で5週間，通常は2～3日が多い。児童によっては毎週週末に来所する者や一回きりの利用者もいる。必要な場合にはソーシャルワーカーが入って家庭訪問をおこなっている。ほかの機関との連携を取りながら支援をしている。児童には，遊ぶことや学習面に特に力を入れ，治療的なことはしていない。国からの補助が施設運営の30％しかないので，70％は寄付金である。経済的な安定は不可欠なので，ときどき寄付のためのキャンペーンをして資金を得ている。祖父母は，孫との関係で祖父母でありたいのにそれができないことで，ジレンマをもっている。自分の娘・息子（孫にとっての親）との関係にも悩んでいる。

　ファミリーバイオレンスや虐待のある家族も利用者には含まれており，親子分離して親を冷静にさせる間，子どもを預かることもある。ソロペアレントで入院する間の利用なども多い。児童相談所を通じなくても使える点が特徴である。児童相談所の措置になると，親もネガティブな受け止め方になる。短期児童養護施設の役割は，子どもにとってよい環境を与えることで，保護することではない。一時保護所というようなネガ

▶共有スペース

▶バスルームのロッカー

▶部屋の様子

ティブなイメージはない。

　下記の写真をみてもわかるように，短期入所施設ということもあって，家庭らしくはない。家っぽくも施設っぽくもならず，キャンプがイメージされている。児童がまた来所したくなるように，おいしいご飯，床暖房などの快適な設備への投資は惜しまないようにしているという。児童に対してはいかにも施設っぽくない場所，楽しいキャンプのような場所であろうとしている。あくまでも家族を短期でエンパワーする（個人や家族が本来もっている潜在的な力や能力を引き出し開花させる）ことが目的なので，あえて建物を家庭風にしてはいない。建物を家庭風にすると，元の家族から引き離されたようなことになるからである。家族の生活の質や子育てスキルを向上させるための補完的な支援をしている。

（栗山直子）

第7章　子ども家庭福祉の実施行政機関

　本章では，子ども家庭福祉に関わる実施行政機関の全体像を捉えた上で，国・都道府県・市町村レベルにおける担当部局や審議会について取り上げる。また，子ども家庭福祉行政の第一線機関である児童相談所の役割を中心に，その他の関連機関についても述べる。

1．子ども家庭福祉の実施体系

（1）国及び地方公共団体の責務

　児童福祉法第2条3項では，「国及び地方公共団体は，児童の保護者とともに，児童を心身ともに健やかに育成する責任を負う。」と規定している。ここで意味されていることは，「国や都道府県，市町村も子どもの養育責任がある」ということである。子どもの養育責任は第一義的には保護者（同法2条2項）とされているが，国・地方公共団体は，子ども一人ひとりを健全に育成する責務（同法2条の3）があるとともに，保護者支援をしなければならない（同法第3条の2）。

　また，児童福祉法第2条の1項で示されている「子どもの最善の利益」は，政策上の議論や司法上の決定，行政上の決定など「子どもにかかわるすべての活動」に適用されなければならないとされている。

（2）国レベルの組織と役割

　厚生労働省子ども家庭局は，児童福祉法を中心とする子ども家庭福祉に関わる法律（第5章参照）を所管・施行しており，子ども家庭福祉全般の施策の企画・調整，予算化，監査指導等を担っている。現在（2019年時），総務課，少子化総合対策室，保育課，家庭福祉課，虐待防止対策推進室，子育て支援課，母子保健課に分かれており，それぞれの役割を担っている（表7-1）。

　また，2015（平成27）年に施行されている子ども・子育て支援新制度の推進役として設置された内閣府子ども・子育て本部は，新制度の制度設計，市町村や都道府県が策定する「子ども・子育て支援事業計画」の基本方針，幼保連携型認定こども園教育・保育要領などの策定などに関わっている。

　社会保障審議会は，社会福祉全般に関わる課題について検討される審議会であるが，子ども家庭福祉については社会保障審議会児童部会が担っている。

表7-1 厚生労働省子ども家庭局の組織と所掌事務

子ども家庭局
児童の心身の育成や発達に関すること，児童の保育や養護，虐待の防止に関すること，児童の福祉のための文化の向上に関することのほか，児童や児童のいる家庭，妊産婦その他母性の福祉の増進に関すること，福祉に欠ける母子，父子や寡婦の福祉の増進に関すること，児童の保健の向上に関すること，妊産婦その他母性の保健の向上に関すること，児童と妊産婦の栄養の改善に関すること，妊産婦の治療方法が確定していない疾病や特殊の疾病の予防と治療に関することを行っています。

総務課
・子ども家庭局の所掌事務に関する総合調整に関すること。 ・児童の福祉に関する基本的な政策の企画，立案，推進に関すること。 ・児童の福祉や母子，父子，寡婦の福祉に関する事業の発達，改善，調整に関すること。 ・これらの他，子ども家庭局の所掌事務で，他の所掌に属しないものに関すること。

少子化総合対策室
・少子化対策に関すること。 ・子ども・子育て支援法の規定による拠出金の徴収に関すること。 ・年金特別会計の子ども・子育て支援勘定の経理のうち厚生労働省の所掌に係るものに関すること。

保育課
・児童の保育に関すること。 ・保育所及び幼保連携型認定こども園並びにこれらの職員を養成する施設の運営（保育に係るものに限る。）に関すること。 ・保育所及び幼保連携型認定こども園の職員（保育に係るものに限る。）の養成及び資質の向上に関すること。 ・保育士及び国家戦略特別区域限定保育士に関すること。

家庭福祉課
・児童の養護その他児童の保護及び虐待の防止に関すること。 ・児童の生活指導及び児童の育成に関する家庭の指導に関すること。 ・里親の監督に関すること。 ・乳児院，母子生活支援施設，児童養護施設，児童心理治療施設，児童自立支援施設及び児童家庭支援センター（以下「乳児院等」という。）並びにこれらの職員を養成する施設の運営に関すること。 ・乳児院等の職員の養成及び資質の向上に関すること。 ・児童自立生活援助事業に関すること。 ・児童の不良行為の防止に関すること。 ・国立児童自立支援施設の組織及び運営一般に関すること。 ・母子及び父子並びに寡婦の福祉の増進に関すること。 ・児童扶養手当に関すること。 ・上記のほか，児童のある家庭の福祉の増進に関する事務で他の所掌に属しないものに関すること。 ・要保護女子の保護更生に関すること。 ・配偶者からの暴力の防止及び被害者の保護等に関する法律の規定による被害者の保護に関すること（婦人相談所，婦人相談員及び婦人保護施設の行うものに限る。）。 ・児童相談所に関すること。 ・児童福祉司その他児童福祉事業関係職員の養成及び資質の向上に関すること。

虐待防止対策推進室
・児童虐待防止施策の企画・立案に関すること。 ・児童虐待防止施策に関する各省庁等との調整に関すること。 ・児童虐待防止施策の調査研究に関すること。 ・児童虐待防止施策に関する広報・啓発に関すること。

子育て支援課
・児童委員に関すること。 ・児童厚生施設及びその職員を養成する施設の設備及び運営に関すること。 ・児童厚生施設の職員の養成及び資質の向上に関すること。 ・こどもの国協会の解散及び事業の承継に関する法律（昭和五十五年法律第九十一号）第一条第三項に規定する指定法人に関すること。 ・保育，助産及び母子保護の実施に要する費用並びに児童福祉施設（知的障害児，身体障害児及び重症心身障害児に係るものを除く。）の入所措置に要する費用の監査に関すること。 ・児童福祉に関する思想の普及及び向上に関すること。 ・児童の福祉のための文化の向上に関すること。 ・保育所及び幼保連携型認定こども園並びにこれらの職員を養成する施設の設備（保育に係るものに限る。）に関すること。 ・子育て援助活動支援事業に関すること。 ・放課後児童健全育成事業に関すること。 ・乳児院，母子生活支援施設，児童養護施設，児童心理治療施設，児童自立支援施設及び児童家庭支援センター並びにこれらの職員を養成する施設の設備に関すること。 ・助産施設及びその職員を養成する施設の設備に関すること。

母子保健課
・妊産婦，乳児及び幼児の保健指導及び健康診査に関すること。 ・未熟児の養育に関すること。 ・虚弱児の健康の向上に関すること。 ・結核児童の療育に関すること。 ・家族計画に関すること。 ・助産施設とその職員養成施設の運営に関すること。 ・助産施設の職員の養成及び資質の向上に関すること。 ・児童及び妊産婦の栄養の改善並びに妊産婦の治療方法が確立していない疾病その他の特殊の疾病の予防及び治療に関すること。 ・上記のほか，児童及び妊産婦その他母性の保健の向上に関すること（総務課の所掌に属するものを除く。）。

出典：厚生労働省「組織・制度の概要案内　詳細情報」。

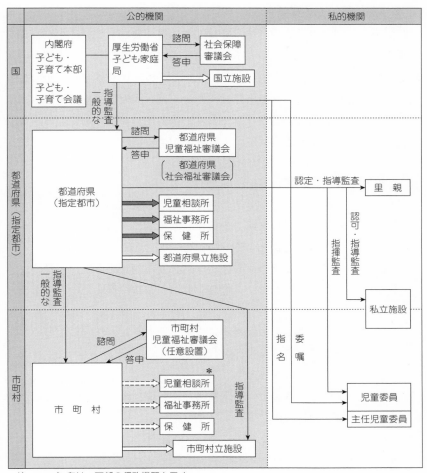

注：■■■▶印は，下部の行政機関を示す
　　──▶印は，下部の付属機関を示す
　　⊏===▶印は，全部の市町村には設置しない下部の行政機関を示す
＊：政令で定める市は児童相談所を設置することができる

図7-1　児童福祉機関系統図

出典：社会福祉学習双書編集委員会（2008：107）.

厚生労働大臣による問いかけ（諮問）に応じて，子育て支援や児童虐待など
の幅広いテーマを議論したり，関係機関に意見を求めたりする調査審議機関
であり，そこで検討された意見を報告書（答申）としてまとめ，厚生労働大
臣に提案する。より具体的な検討が必要な場合には，厚生労働大臣から委嘱
を受けた各方面の専門家が集まった専門委員会において協議される。
　内閣府においては，子育て支援の政策プロセス等に参画・関与する仕組み
として子ども・子育て会議を設置し，調査審議を行っている。

（3）都道府県レベルの組織と役割

　前項に示した国の方針を受けて，具体的な事業を展開していくのが都道府県・政令指定都市や市町村であり，児童福祉法においてそれぞれ役割が明記されている。表7-3は，国や自治体レベルに置かれる審議会や機関の設置規定について示している。都道府県は，たとえば「大阪府福祉部子ども室家庭支援課」のような名称で構成されており，次の業務が行われている。

　①　1.市町村相互間の連絡調整，市町村に対する情報の提供，市町村職員の研修その他必要な援助を行うこと

　　　2.児童および妊産婦の福祉に関して，

　　　　イ）広域的見地から実情の把握に努めること

　　　　ロ）児童に関する家庭その他からの相談のうち専門的な知識および技術が必要とするものに応ずること

　　　　ハ）児童およびその家庭につき，必要な調査ならびに医学的，心理学的，教育学的，社会学的および精神保健上の判定を行うこと

　　　　ニ）児童およびその保護者につき，調査または判定に基づいて指導その他必要な指導を行うこと

　　　　ホ）児童の一時保護を行うこと

　　　　ヘ）里親につき，その相談に応じ，必要な情報の提供，助言，研修その他の援助を行うこと

　②　知事から市町村に対する助言

　③　その管理に属する行政庁への事務の委任，などの業務が児童福祉法第11条において規定されている。具体的には，児童相談所の設置運営，児童福祉施設の設備・運営の基準に関する条例の制定，児童福祉施設の認可指導，指定障害福祉サービス事業者の指定，児童委員の委嘱などがある。

　児童福祉審議会は，「児童，妊産婦及び知的障害者の福祉に関する事項を調査審議する」機関であり，都道府県（政令指定都市，中核市）に設置が義務づけられている。国の社会保障審議会と同様，「諮問を受けて答申する」という流れをとるが，子ども家庭福祉の具体的な内容を審議することとなる。主には，児童福祉施設の措置（児童福祉法第28条），里親の認定などがある。平成28年度児童福祉法改正より，児童の心身の状況・環境等に配慮し，児童福祉審議会において児童に意見を聴取すること（意見表明権）が盛り込まれた。

表7-2　国・自治体と機関

	国	都道府県	政令市	中核市	市	町村	備考
審議会（児童福祉審議会・社会福祉審議会）	○	○	○	○	△	△	児童福祉法第8条／社会福祉法第7条
児童相談所	×	○	○	△	×※	×	児童福祉法第12条／第59条の4
福祉事務所	×	○	○	○	○	△	社会福祉法第14条
家庭児童相談室	×	△	△	△	△	△	家庭児童相談室設置運営の通達
保健所	×	○	○	○	△センター※※	△センター	地域保健法第5条／第18条

注：○義務設置，△：任意設置「置くことができる」，×：置くことができない．
　※　児童相談所設置市は中核市程度の人口規模（30万人以上）を有する市を念頭に，政令で指定する市（児童相談所設置市）も設置することができる．
　※※保健所はその他の政令で定める市又は特別区に設置できる．
出典：才村ほか（2017：109）.

（4）市町村レベルの組織と役割

　市町村は，たとえば「河内長野市福祉部子ども子育て課」のような名称で構成されており，児童および妊産婦の福祉に関する行政事務を行い，住民に身近な相談窓口となっている。その業務は，児童福祉法第10条に規定されている。

①　1.児童および妊産婦の福祉に関し，必要な実情の把握に努めること
　　2.児童および妊産婦の福祉に関し，必要な情報の提供を行うこと
　　3.児童および妊産婦の福祉に関し家庭その他からの相談に応じ，必要な調査および指導を行うことならびにこれらに付随する業務を行うこと

②　専門的な知識および技術を必要とするものについては，児童相談所の技術的援助および助言を求めなければならない。

③　医学的，心理学的，教育学的，社会学的および精神保健上の判定を必要とする場合には，児童相談所の判定を求めなければならない。

④　市町村は，この法律による事務を適切に行うために必要な体制の整備に努めるとともに，当該事務に従事する職員の人材確保及び資質向上のために必要な措置を講じなければならないとされている。具体的には，保育所など児童福祉施設の設置および保育の実施，放課後児童健全育成事業，1歳6か月健診，3歳児健診，子育て短期支援事業，乳児家庭全戸訪問事業などを行っている。

2．児童相談所

　児童相談所は，児童福祉法（第12条）に基づく児童福祉行政の第一線機関

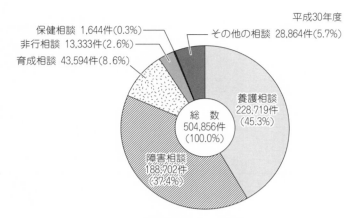

平成30年度

保健相談 1,644件（0.3%）
非行相談 13,333件（2.6%）
育成相談 43,594件（8.6%）
その他の相談 28,864件（5.7%）
養護相談 228,719件（45.3%）
総　数 504,856件（100.0%）
障害相談 188,702件（37.4%）

図7-2　児童相談所の相談内容
出典：「平成30年度福祉行政報告例の概況」p. 7.

であり，児童とその家庭に対する相談援助に特化した専門機関である。都道府県・政令指定都市に設置することが義務づけられており，児童福祉司，児童心理司，医師，児童指導員，保育士，弁護士等の専門職が配置されている。児童の福祉に関する問題について，家庭や市町村から相談に応じ，必要な調査，社会診断，心理診断，行動診断に基づいて判定を行う。それ以外にも，子どもを一時保護すること，児童福祉施設入所・里親等委託等の措置，親権の一時停止，親権喪失宣告の請求，児童の後見人の選任等の業務も行っている。

（1）児童相談所の相談内容

　児童相談所の相談内容は，①養護相談，②保健相談，③障害相談，④非行相談，⑤育成相談，⑥その他の相談に分けられ，表7-3の通り子どもに関するさまざまな相談に応じている。平成30年度の児童相談所が対応した件数は，全体で50万4,856件であり，その内訳は，養護相談22万8,719件（41.9%），障害相談18万8,702件（37.4%），育成相談4万3,594件（8.6%），非行相談1万3,333件（2.6%），保健相談1,644件（0.3%），その他の相談2万8,864件（5.7%）となっている（図7-2参照）。近年，児童相談所全国共通ダイヤル（189番）の開設，心理的虐待に係わる相談対応件数の増加，警察等からの通告件数の増加により，平成29年度に養護相談件数は障害相談件数を上回った。

（2）児童相談所の業務

　児童相談所は，図7-3の流れに沿って，次の8つの業務を行っている。
　① 子どもに関するさまざまな問題について，専門的な知識・技術を必要

表 7-3　児童相談所の相談の種類

相談区分		内容
養護相談		虐待相談 養育困難（保護者の家出，失踪，死亡，離婚，入院，就労及び服役等），迷子に関する相談　養育家庭（里親）に関する相談
保健相談		一般的健康管理に関する相談 （乳児，早産児，虚弱児，児童の疾患，事故・ケガ等）
障害相談	視聴覚障害相談	盲（弱視を含む），ろう（難聴を含む）等視聴覚障害を有する児童に関する相談
	言語発達障害等相談	構音障害（※注釈 1），吃音，失語等音声や言語の機能障害をもつ児童，言語発達遅滞を有する児童等に関する相談
	肢体不自由相談	肢体不自由児，運動発達の遅れに関する相談
	重症心身障害相談	重度の知的障害と重度の肢体不自由が重複している児童に関する相談
	知的障害相談	知的障害児に関する相談
	ことばの遅れ相談 （知的遅れ）	ことばの遅れを主訴とする相談で，知的遅れによると思われる児童に関する相談
	発達障害相談	自閉症，アスペルガー症候群，その他の広汎性発達障害，注意欠陥多動性障害，学習障害等の児童に関する相談
非行相談	ぐ犯行為等相談	虚言癖，金銭持ち出し，浪費癖，家出，浮浪，暴力，性的逸脱等のぐ犯行為（※注釈 2），問題行動のある児童，警察署からぐ犯少年として通告のあった児童等に関する相談
	触法行為等相談	触法行為（※注釈 3）があったとして警察署から児童福祉法第25条による通告のあった児童，犯罪少年（※注釈 4）に関して家庭裁判所から送致のあった児童等に関する相談
育成相談	不登校相談	学校，幼稚園，保育所に登校（園）できない，していない状態にある児童に関する相談
	性格行動相談	友達と遊べない，落ち着きがない，内気，緘黙（※注釈 5），家庭内暴力，生活習慣の著しい逸脱等性格又は行動上の問題を有する児童に関する相談
	しつけ相談	家庭内における幼児のしつけ，遊び等に関する相談
	適性相談	学業不振，進学，就職等の進路選択に関する相談
	ことばの遅れ相談 （家庭環境）	ことばの遅れを主訴とする相談で，家庭環境等言語環境の不備等によると思われる児童に関する相談
その他の相談		措置変更，在所期間延長に関する相談等

※注釈 1　構音障害口唇・舌・口蓋や脳機能などの障害により，話しことばを正確・明瞭に発音できない状態をいいます。
※注釈 2　ぐ犯行為　保護者の正当な監督に服しない性癖のあることなど一定の事由があって，その性格または環境に照らして，将来，罪を犯す，または刑罰法令に触れるおそれのある少年の行為をいいます。
※注釈 3　触法行為　14歳未満で刑罰法令に触れる行為をいいます。
※注釈 4　犯罪少年　罪を犯した14歳以上20歳未満の少年をいいます。
※注釈 5　緘黙（カンモク）　話す能力があるにもかかわらず，心理的原因等で，学校等の特定場面，あるいは生活全般でしゃべらない状態をいいます。
出典：東京都福祉保健局東京都児童相談センター・児童相談所 HP.
　　　http://www.fukushihoken.metro.tokyo.jp/jicen/annai/soudan.html

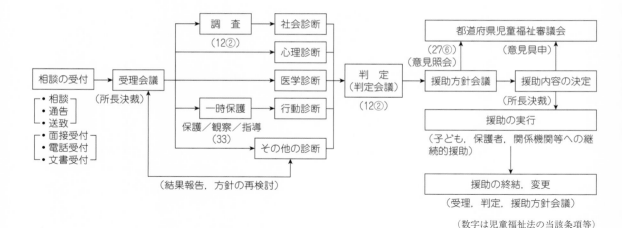

図7-3　児童相談所における相談援助活動の体系・展開

出典：厚生労働省「児童相談所運営指針」.

とする相談に応じること

② 必要な調査ならびに医学的，心理学的，教育学的，社会学的，精神保健上の判定を行うこと

③ 調査，判定に基づき必要な指導を行うこと

④ 児童の一時保護を行うこと

⑤ 里親について，相談・助言・研修等の援助を行うこと

⑥ 施設入所や里親委託等の措置を行うこと

⑦ 市町村が行う相談等の業務について，市町村相互間の調整，市町村への情報提供等を行うこと

⑧ 市町村に対する必要な助言を行うこと

　その他，児童相談所の業務や運営の詳細は，「児童相談所運営指針」に基づいて行われている。

（3）児童相談所の現状と課題

　児童相談所は，児童虐待による悲惨な事件がきっかけとなり，マスコミなどから煽情的に批判対象として取り上げられることがあるが，児童相談所の現状と課題について的確に押さえておきたい。才村（2017：134）は，児童相談所の現状と課題について次の5つに整理している。

　1つ目は，「家族再統合にむけた援助の困難さ」である。家族の再統合が低調な要因として，児童相談所が虐待通告の初期対応に追われて子どもや保護者支援に手が回らないことや援助技法が確立されていないことなどがあげられている。

　2つ目は，「業務量増に見合った児童福祉司の配置がなされていないこと」である。国内の調査や海外の調査をもとに，日本の児童福祉司は格段に多くのケースを抱えていることを明らかにしており，虐待以外の対応が疎かになったり，スーパービジョンや研修を受けたりすることができない実情がある。

　3つ目は，「児童心理司の配置基準の明確化が必要なこと」である。虐待によって心のケアが必要な子どもがいるにもかかわらず，療育手帳の判定事務に追われている現状がある。

　4つ目は，「専門性の確保が必要なこと」である。最低5年から10年程度の経験が必要とされている現場の中で，異動サイクルの短い一般事務職が充てられていることで専門性の蓄積ができていない問題がある。

　5つ目は，「一時保護所の課題」である。本来の一時保護所は，虐待を受けている子どもの緊急避難先として重要な役割を担っているが，一時保護所やその委託先となる児童養護施設が満床状態になっていることは憂慮すべきことである。

3．福祉事務所などの機関

（1）福祉事務所（家庭児童相談室）

　福祉事務所は，社会福祉行政の第一線機関であり，福祉六法（生活保護法，児童福祉法，身体障害者福祉法，知的障害者福祉法，老人福祉法，母子及び父子並びに寡婦福祉法）に基づく援護や事務を行っている「福祉行政の総合相談窓口」である。都道府県（政令指定都市の区，特別区を含む），市について設置が義務づけられ，社会福祉主事，家庭相談員，身体障害者福祉司，知的障害者福祉司等の専門職が配置されている。福祉事務所における子ども家庭福祉に関する相談は，家庭児童相談室が担当することになっており，下記の業務を行っている。

① 所管区域内の地域的実情の把握
② 児童および妊産婦の福祉に関する相談，必要な調査，個別・集団による指導
③ 助産，母子保護の実施
④ 被虐待児に関する通告の受理，母子父子寡婦福祉貸付資金の申請受理
⑤ 専門的な判定，施設入所措置等を要する事例の児童相談所への送致

　家庭児童相談室と児童相談所との関係においては，福祉事務所（家庭児童相談室）は比較的軽易な相談事例を扱い，児童相談所は高度な専門性を必要

とする重篤な事例を扱うことになっており，福祉事務所（家庭児童相談室）は，子ども会，母親クラブ等の地域組織を中心とする活動も実施するが，児童相談所は主として児童家庭の個別的問題を処理する等の整理がされている。ただ，要保護児童対策地域協議会の事務局を担うとともに，これまでできなかった児童相談所から市町村（家庭児童相談室）への事案送致が新設されたこと（平成28年度児童福祉法改正）により，ますます住民により身近な相談窓口として期待されている。

（2）保健所および保健センター

　保健所は，都道府県による設置機関で，地域における公衆衛生の中核的な機関として，管理的な役割とともに，専門的な実践機能をもっている。職員は，医師，薬剤師，獣医師，保健師，助産師，看護師，放射線技師，栄養士等がいる。地域保健法第6条に規定する栄養改善，環境の衛生，母子保健，精神保健などを広域的に実施しており，地域の特性を踏まえた市町村間の連絡調整，指導，助言を行っている。子ども家庭福祉に関することでは，未熟児養育医療・訪問指導，慢性疾患児・障害児の療育指導・相談など，母子保健の観点から重要な役割を果たしている。

　保健センターは，市町村による設置が認められており，住民に対して，健康相談，保健指導および健康診査その他地域保健に関し必要な事業を行うことを目的としている（地域保健法第18条）。

（3）母子健康包括支援センター

　母子健康包括支援センターは，母子保健法第22条に明記された母子保健に特化した相談窓口である。図7-4の通り，妊娠期から子育て期までの切れ目のない支援を行うことを目的とし，市町村単位で設置することが求められている。職員には，保健師やソーシャルワーカー（社会福祉士等）を1名以上配置することとなっている。センター設置の背景には，「0日・0カ月児死亡事例」にあるように，乳児の虐待死亡率が高いことがあげられることから，下記の業務を通して妊娠や子育ての不安，孤立による児童虐待リスクの早期発見・早期対応が求められている。

　① 母性ならびに乳児及び幼児の健康の保持および増進に関する支援に必要な実情の把握を行うこと
　② 母子保健に関する各種の相談に応ずること
　③ 母性ならびに乳児及び幼児に対する保健指導を行うこと
　④ 母性および児童の保健医療または福祉に関する機関との連絡調整その他母性ならびに乳児および幼児の健康の保持及び増進に関し，厚生労働

4-1. 利用者支援事業(母子保健型)と利用者支援事業(基本型)を一体的に実施

（事業イメージ）利用者支援事業（母子保健型）、利用者支援事業（基本型）の両事業を同一の事業者（施設）が受託し、両事業のコーディネーターが同じ場所で1つのチームとなって実施する方法

（実施例）　和光市など

図7-4　子育て包括支援センターのイメージ図

出典：厚労省「子育て世代包括支援センター業務ガイドライン」p. 11.

　省令で定める支援を行うこと
⑤　健康診査，助産その他の母子保健に関する事業を行うこと

（4）家庭裁判所

　家庭裁判所は，裁判所法に基づいて設置されている下級裁判所であり，家事部と少年部の2つの部が設けられている。家事事件は，親権者の指定，親権停止審判，親権喪失審判，養子縁組の許可，保護者が同意しない場合の施設入所（措置）などを扱っている。少年事件は，少年院送致，保護観察，児童自立支援施設送致など保護処分の決定を扱っている。

　いずれも子ども家庭福祉と密接な関係を有しており，司法的判断が求められる事例は家庭裁判所に委ねられている。職員は，家庭裁判所調査官が配置されており，事件の動機や背景，少年の性格，生育歴，環境など，心理学，教育学，社会学的観点から調査を行い，少年の抱える問題や非行の原因などを裁判官に報告，審判の資料を作成する役割がある。

引用・参考文献

厚生労働省「組織・制度の概要案内―詳細情報」

https://search.e-gov.go.jp/servlet/Organization?class=1050&objcd=100495&disp
　　grp=0145

才村純・芝野松次郎・松原康雄編（2017）『児童や家庭に対する支援と子ども家
　　庭福祉制度』ミネルヴァ書房.

社会福祉士養成講座編集委員会編（2017）『児童や家庭に対する支援と児童・家
　　庭福祉制度』〔編著〕中央法規.

社会福祉学習双書編集委員会編（2019）『新版・社会福祉学習双書2019児童家庭
　　福祉論』全国社会福祉協議会.

（本田和隆）

コラム6　子ども家庭福祉の専門職

　子ども家庭福祉は，多くの専門職によって支えられている。子どもの命を守り，家庭を支援する専門職は，知識や技術はもちろん，高い倫理性を備えていることが求められる。最近は個人情報の取り扱いにも特に注意しなければならず，インターネットや SNS を正しく利用する情報リテラシーを身に付けている必要がある。

　子ども家庭福祉の専門職には，保育士をはじめ，ほとんどの児童福祉施設に配置される児童指導員など，多くの専門職がある。必要な条件は，児童福祉法や児童福祉施設の設備及び運営に関する基準といった法令に規定されていて，それを一覧にしたものが，下記の表である。「都道府県知事が認める者」や「同等の能力を持つ者」など一部の条件を省いているが，専門職や基礎資格を概観するには十分だと思われる。

　里親支援専門相談員や家庭支援専門相談員などは，本来，児童相談所が行うべき業務を民間施設に委託しているという側面もあり，児童福祉司と同様の条件が設定されている。

	児童相談所長	児童福祉司	児童心理司	保育士	児童指導員	母子支援員	心理療法担当職員	個別対応職員	里親支援専門相談員	児童の遊びを指導する者	児童自立支援専門員	児童生活支援員
精神保健に関して学識経験を有する医師	○		○					なし			○	
心理学系の学科を卒業した者	○		○				○					
社会福祉士	○	○			○	○				○		
2年以上児童福祉司として従事した者	○											
児童福祉司等を養成する学校を卒業した者		○								○		
心理学，教育学，社会学系の学科を卒業した者		1年の経験			○				1年の経験	○	1年の経験	
医師		○							○			
社会福祉主事として2年以上児童福祉事業に従事した者		○							○			
保育士養成施設を卒業した者				○	○					○		○
都道府県の保育士試験に合格した者				○	○					○		○
児童福祉施設の職員養成学校卒業者		○			○	○				○		
社会福祉学，心理学，教育学若しくは社会学を専攻する大学院を卒業した者					○							
社会福祉学・心理学・社会学・教育学の科目を優秀な成績で修得して大学院に進学した者					○							
高卒					2年の経験					2年の経験	3年の経験	
小・中・高の教員免許取得者		1年の経験			○				1年の経験	幼稚園教諭も可	2年の経験	
芸術学・体育学の学科を卒業した者										○		
児童自立支援専門員の養成校卒業者											○	
精神保健福祉士					○				○			
外国の大学において，社会福祉学，心理学，教育学若しくは社会学の学科を卒業					○							
3年以上児童福祉事業に従事した者					○							
看護師・保健師・助産師												
その他		都道府県知事の指定する講習会の課程修了者					個人・集団の心理療法の技術がある		施設職員・里親の経験が5年以上		高卒で福祉現場の経験が5年以上	児童自立支援事業の経験が3年以上

出典：筆者作成.

（山川宏和）

第8章　子ども家庭福祉に関連する施設

　本章では，子ども家庭福祉に関するさまざまな児童福祉施設を概観するととも
に，特に入所施設の役割について，また，子どもの権利擁護を踏まえた近年の児
童福祉施設の動向と今後の展開について取り上げる。

1．児童福祉施設とは

（1）児童福祉法による児童福祉施設等

　児童福祉施設等は，「児童福祉法」第7条第1項において，下記の12種別
が規定されている。ここでは「児童福祉法」に規定されている各施設の目的
について述べる。

① 助産施設（「児童福祉法第36条」）

　助産施設は，保健上必要があるにもかかわらず，経済的理由により，入院
助産を受けることができない妊産婦を入所させて，助産を受けさせることを
目的とする施設である。

② 乳児院（「児童福祉法第37条」）

　乳児院は，乳児（保健上，安定した生活環境の確保，その他の理由により，
特に必要のある場合には幼児を含む）を入院させて養育し，あわせて退院し
た者について相談，その他の援助を行うことを目的とする施設である。

③ 母子生活支援施設（「児童福祉法第38条」）

　母子生活支援施設は，配偶者のない女子またはこれに準ずる事情にある女
子及びその者の監護すべき児童を入所させて保護するとともに，自立の促進
のためにその生活を支援し，あわせて退所した者について相談，その他の援
助を行うことを目的とする施設である。

④ 保育所（「児童福祉法第39条」）

　保育所は，保育を必要とする乳児・幼児を日々保護者のもとから通わせて
保育を行うことを目的とする施設（利用定員が20人以上であるものに限り，
幼保連携型認定こども園を除く）である。

⑤ 幼保連携型認定こども園（「児童福祉法第39条の2」）

　幼保連携型認定こども園は，義務教育およびその後の教育の基礎を培うも
のとして，満3歳以上の幼児に対する教育および保育を必要とする乳児・幼
児に対する保育を一体的に行い，健やかな成長が図られるよう適当な環境を

与えて，その心身の発達を助長することを目的とする施設である。

⑥ 児童厚生施設（「児童福祉法第40条」）

　児童厚生施設は，児童遊園・児童館等，児童に健全な遊びを与えて，その健康を増進し，または情操を豊かにすることを目的とする施設である。

⑦ 児童養護施設（「児童福祉法第41条」）

　児童養護施設は，保護者のない児童（原則的には乳児を除くが，特に必要のある場合には乳児も含む），虐待されている児童，その他環境上養護を要する児童を入所させて養護し，あわせて退所した者に対する相談その他の自立のための援助を行うことを目的とする施設である。

⑧ 障害児入所施設（「児童福祉法第42条」）

　障害児入所施設は，次の各号に掲げる区分に応じ，障害児を入所させて，当該各号に定める支援を行うことを目的とする施設である。

第1号　福祉型障害児入所施設：保護，日常生活の指導および独立自活に必要な知識技能の付与。

第2号　医療型障害児入所施設：保護，日常生活の指導，独立自活に必要な知識技能の付与および治療。

---

⑨ 児童発達支援センター（「児童福祉法第43条」）

　児童発達支援センターは，次の各号に掲げる区分に応じ，障害児を日々保護者のもとから通わせて，当該各号に定める支援を提供することを目的とする施設である。

第1号　福祉型児童発達支援センター：日常生活における基本的動作の指導，独立自活に必要な知識技能の付与または集団生活への適応のための訓練。

第2号　医療型児童発達支援センター：日常生活における基本的動作の指導，独立自活に必要な知識技能の付与または集団生活への適応のための訓練及び治療。

---

⑩ 児童心理治療施設（「児童福祉法第43条の2」）

　児童心理治療施設は，家庭環境，学校における交友関係，その他の環境上の理由により社会生活への適応が困難となった児童を，短期間，入所させ，または保護者のもとから通わせて，社会生活に適応するために必要な心理に関する治療および生活指導を主として行い，あわせて退所した者について相談，その他の援助を行うことを目的とする施設である。

⑪ 児童自立支援施設（「児童福祉法第44条」）

　児童自立支援施設は，不良行為をなし，またはなすおそれのある児童および家庭環境その他の環境上の理由により生活指導等を要する児童を入所させ，

保育子育て支援施策	ひとり親家庭施策	社会的養護施策
保育の実施 （保育所・認定こども園） 保育対策等促進事業 一時預かり事業 地域子育て支援拠点事業 家庭的保育事業	児童扶養手当 母子家庭等就業・自立支援事業 子育て短期支援事業 母子生活支援施策	児童相談所 児童家庭支援センター 乳児院 児童養護施設 里親 児童自立生活援助事業 小規模住居型児童養育事業

児童虐待対策		障害児支援施策
市町村 児童相談所（一時保護） 福祉事務所 保健所 乳児家庭全戸訪問事業 養育支援訪問事業	児童家庭福祉施策 （児童福祉法）	特別児童扶養手当 障害児通所支援 障害児入所施設 児童発達支援センター 障害児相談支援事業 障害福祉サービスの措置

健全育成	母子保健対策等	非行・情緒障害児施策
児童厚生施設 放課後児童健全育成事業 児童手当 児童委員	健康診査と保健指導 訪問指導 母子健康手帳 小児慢性特定疾患治療研究事業 助産の実施（助産施設）	児童自立支援施設 児童心理治療施設

図8-1　児童福祉施策の概要

注：本章では図の右下「非行・情緒障害児施策」にある「児童自立支援施設」を3節の（2）「非行少年などへの支援」,「児童心理治療施設」を2節（4）「心理的な治療を必要とする子どもを支援する児童福祉施設」に分けてあつかっている.
資料：鈴木雄司・山本雅章監修「児童福祉制度の概要」（WAM NET（ワムネット）ホームページ（2019〔令和1〕年11月25日閲覧））.

または保護者のもとから通わせて，個々の児童の状況に応じて必要な指導を行い，その自立を支援し，あわせて退所した者について相談その他の援助を行うことを目的とする施設である.

⑫　児童家庭支援センター（「児童福祉法第44条の2」）

　児童家庭支援センターは，地域の児童の福祉に関する各般の問題につき，児童に関する家庭その他からの相談のうち，専門的な知識および技術を必要とするものに応じ必要な助言を行うとともに，市町村の求めに応じ技術的助言，その他必要な援助を行うほか，要保護児童等またはその保護者に対し児童相談所等において指導を行い，あわせて児童相談所，児童福祉施設等との連絡調整，その他厚生労働省令の定める援助を総合的に行うことを目的とする施設である.

（2）児童福祉施設の設備および運営に関する基準

　「児童福祉法」第45条に基づき，都道府県は児童福祉施設の設備および運

営について条例で基準を定めなければならない。またその基準は，児童の身体的，精神的及び社会的な発達のために必要な生活水準を確保するものでなければならない。

　条例を定める基準となるのが厚生労働省令「児童福祉施設の設備及び運営に関する基準」（以下，「基準」と略す）である。定められた基準には，全国で一律になるよう必ず適合しなければならない「従うべき基準」と，地域の実情に応じて異なる内容を定めることが許容される「参酌すべき基準」がある。

・従うべき基準
　施設に配置する従業員およびその員数，児童の健全な発達に密接に関連する設備，月１回以上の避難および消火訓練，職員の資質，児童の差別・虐待等の禁止，懲戒権限の濫用禁止，秘密保持などがある。
・参酌すべき基準
　児童の保護者等への施設運営の内容の適切な説明や健康診断，苦情対応などがある。

　また「基準」第２条では，「児童福祉施設に入所している者が，明るくて，衛生的な環境において，素養があり，かつ，適切な訓練を受けた職員の指導により，心身ともに健やかにして，社会に適応するように育成されることを保障するものとする」と記されている。

　「基準」第４条には，「児童福祉施設は，最低基準を超えて，常に，その設備及び運営を向上させなければならない」と記されている。

　なお幼保連携型認定こども園の基準については，「幼保連携型認定こども園の学級の編制，職員，設備及び運営に関する基準」（2014〔平成26〕年内閣府・文部科学省・厚生労働省令第１号）によって定められている。

（3）児童福祉施設の運営指針とハンドブック

① 児童福祉施設等の運営指針

　児童福祉施設等の運営指針は，2011（平成23）年７月に厚生労働省より示された「社会的養護の課題と将来像」において，社会的養護の現状では施設等の運営の質の差が大きいとの理由から，「児童養護施設」，「乳児院」，「児童心理治療施設（旧：情緒障害児短期治療施設）」，「児童自立支援施設」，「母子生活支援施設」の５施設種別と「里親・ファミリーホーム」の運営等の質の向上を図るために作成された。また2015（平成27）年７月には７つ目となる「自立援助ホーム」の運営指針が作成されている。

　作成の目的は，各施設が持っている機能を地域に還元すること（里親等は除く），養育のモデルを示すような水準をもつことが求められていることを

踏まえ，社会的養護の様々な担い手との連携のもとで，社会的養護を必要とする子どもたちへの適切な支援を実現していくことにある。

　各施設の運営指針の「第Ⅰ部　総論」では，目的，社会的養護の基本理念と原理，役割と理念，対象児童等，養育等のあり方の基本，将来像，里親等の支援などが記されており，「社会的養護の基本理念と原理」は共通している。また，「第Ⅱ部　各論」は，第三者評価基準の評価項目に対応させる構成となっており，いずれの指針も目指すべき方向を示している。

② 社会的養護施設運営ハンドブック

　社会的養護施設運営ハンドブックは，児童福祉施設等の運営指針を基に参考事例等の共有化も含め，言語化，文書化を進め，社会的養護の施設の運営の質の向上を図るため，施設運営指針に基づき，施設運営の考え方，必要な知識，実践的な技術や知恵などを加え，わかりやすく説明する手引書（ハンドブック）として厚生労働省ホームページ上に掲載されたものである。想定している読者として，施設職員，社会的養護関係者等があげられている。

2．社会的養護・障がいのある子ども・心理的な治療を必要とする子どもへの支援

（1）社会的養護の定義と理念

　厚生労働省は，社会的養護を，「保護者のない児童や，保護者に監護させることが適当でない児童を，公的責任で社会的に養育し，保護するとともに，養育に大きな困難を抱える家庭への支援を行うこと」と定義している。

　その理念は，「子どもの最善の利益のために」と「社会全体で子どもを育む」である。

　また児童福祉法において，児童は18歳未満と定義されているが，児童養護施設や里親については，必要な場合には，20歳未満まで措置延長できることとされている。しかし現状では18歳の年度末（高校卒業時点）で就職または進学等により児童養護施設を退所するケースが多く，2010（平成22）年度の高校卒業児童で，19歳で退所する割合は1割以下であった。そのため2011（平成23）年12月，厚生労働省雇用均等・児童家庭局長が積極的活用を図るよう都道府県知事等に通知を行った。

（2）社会的養護を担う施設

　社会的養護を担う児童福祉施設として，乳児院，児童養護施設が挙げられる。また「児童福祉法」において児童福祉施設とは規定されていないが，児童養護施設等を退所した児童等を対象とする自立援助ホーム（児童自立生活

保護者のない児童，被虐待児など家庭環境上養護を必要とする児童などに対し，公的な責任として，社会的に養護を行う。対象児童は，約4万5千人。

里　親	家庭における養育を里親に委託		登録里親数	委託里親数	委託児童数	ファミリーホーム	養育者の住居において家庭養護を行う（定員5〜6名）	
			11,730 世帯	4,245 世帯	5,424 人			
	区分（里親は重複登録有り）	養育里親	9,592 世帯	3,326 世帯	4,134 人		ホーム数	347 か所
		専門里親	702 世帯	196 世帯	221 人			
		養子縁組里親	3,781 世帯	299 世帯	299 人		委託児童数	1,434 人
		親族里親	560 世帯	543 世帯	770 人			

施　設	乳児院	児童養護施設	児童心理治療施設	児童自立支援施設	母子生活支援施設	自立援助ホーム
対象児童	乳児（特に必要な場合は，幼児を含む）	保護者のない児童，虐待されている児童その他環境上養護を要する児童（特に必要な場合は，乳児を含む）	家庭環境，学校における交友関係その他の環境上の理由により社会生活への適応が困難となった児童	不良行為をなし，又はなすおそれのある児童及び家庭環境その他の環境上の理由により生活指導等を要する児童	配偶者のない女子又はこれに準ずる事情にある女子及びその者の監護すべき児童	義務教育を終了した児童であって，児童養護施設等を退所した児童等
施設数	140 か所	605 か所	46 か所	58 か所	227 か所	154 か所
定　員	3,900 人	32,253 人	1,892 人	3,637 人	4,648 世帯	1,012 人
現　員	2,706 人	25,282 人	1,280 人	1,309 人	3,789 世帯 児童 6,346 人	573 人
職員総数	4,921 人	17,883 人	1,309 人	1,838 人	1,994 人	687 人

小規模グループケア	1,620 か所
地域小規模児童養護施設	391 か所

※里親数，FHホーム数，委託児童数，乳児院・児童養護施設・児童心理治療施設・母子生活支援施設の施設数・定員・現員は福祉行政報告例（平成30年3月末現在）
※児童自立支援施設・自立援助ホームの施設数・定員・現員，小規模グループケア，地域小規模児童養護施設のか所数は家庭福祉課調べ（平成29年10月1日現在）
※職員数（自立援助ホームを除く）は，社会福祉施設等調査報告（平成29年10月1日現在）
※自立援助ホームの職員数は家庭福祉課調べ（平成29年3月1日現在）
※児童自立支援施設は，国立2施設を含む

図8-2　社会的養育の現状（里親数，施設数，児童数等）

注：図左下の「小規模グループケア」は，本体施設や地域において小規模なグループで家庭的養護を行う（定員
　　…乳児院：4〜6人，児童養護施設：6〜8人，児童自立支援施設・児童心理治療施設：5〜7人）。「地域小規
　　模児童養護施設（グループホーム）」は，本体施設の支援の下で地域の民間住宅等を活用して家庭的養護を行
　　う（定員…児童養護施設：6人）。
出典：厚生労働省子ども家庭局家庭福祉課「社会的養育の推進に向けて」（2019〔平成31〕年4月）.

援助事業）についても述べる。

① 乳 児 院

　乳児院は，「児童福祉法」第37条により規定されている施設で，乳児（特に必要のある場合には幼児を含む）を入院させて養育する。また施設を退院した者について相談その他の援助を行うことを目的とする。

　乳児院は，保護者の養育を受けられない乳幼児を養育する施設で，乳幼児の基本的な養育機能に加え，被虐待児・病児・障害児などに対応できる専門的養育機能もあわせもつ。

　「児童養護施設入所児童等調査の結果」（2013〔平成25〕年2月1日現在）によると，乳児院の在所期間は，1か月未満が6.5%，6か月未満を含めると25.7%となっている。短期の利用は子育て支援の役割をもっている。長期の在所では乳幼児の養育だけでなく，保護者支援，退院後のアフターケアを含む親子関係再構築支援など，重要な役割も担っている。

　また児童相談所の一時保護所は，乳児への対応ができない場合が多く，乳児については乳児院が児童相談所から一時保護委託を受け，アセスメントを

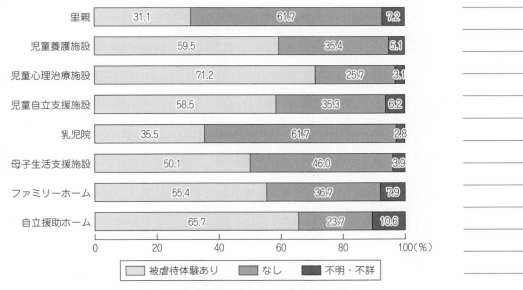

図8-3　施設入所・里親等委託児童の被虐待経験の割合

注：この図の数値は施設入所児・里親等委託児の総数の割合を示しており，表8-1の数値とは
　　異なる．
出典：厚生労働省子ども家庭局家庭福祉課「社会的養育の推進に向けて」(2019〔平成31〕年4月).

含め，実質的に一時保護機能を担っている．さらに地域の育児相談や，
ショートステイ等の子育て支援機能もあわせもつ．

② 児童養護施設

　児童養護施設は，「児童福祉法」第41条により規定されている施設で，保
護者のいない児童（乳児を除くが，必要のある場合には乳児を含む）や虐待
されている児童，その他環境上養護を要する児童を入所させて養護する．ま
た施設を退所した者に対する相談，その他の自立のための援助を行うことを
目的とする．

　具体的には，保護者のない児童や保護者に監護させることが適当でない児
童に対し，安定した生活環境を整え，生活指導・学習指導・家庭環境の調整
等を行いつつ養育を行う．また児童の心身の健やかな成長とその自立を支援
する機能をもつ．

　「児童養護施設入所児童等調査の結果」(2013〔平成25〕年2月1日現在) に
よると，児童養護施設に暮らす児童のうち，虐待を受けた児童（被虐待児）
は59.5％，何らかの障害をもつ児童は28.5％と増加しており，専門的なケア
の必要性が求められている．また入所児童の平均在所期間は4.9年だが，10
年以上の在所期間の児童は13.8％となっている．

　近年，社会的養護が必要な児童に対して，できる限り家庭的な環境の中で
安定した人間関係のもとで育てることができるよう，施設のケアの単位の小

表8-1　措置理由別児童数（2017（平成29）年度中新規措置児童）

(単位：人，%)

区分	乳児院		児童養護施設	
	児童数	割合	児童数	割合
父母の死亡	7	0.4%	86	1.9%
父母の行方不明	21	1.1%	31	0.7%
父母の離婚	36	1.9%	65	1.4%
父母の不和	20	1.1%	40	0.9%
父母の拘禁	68	3.6%	184	4.0%
父母の入院	136	7.3%	162	3.5%
父母の就労	62	3.3%	122	2.7%
父母の精神障害	346	18.5%	407	8.9%
父母の放任怠惰	214	11.4%	624	13.6%
父母の虐待	426	22.8%	1,774	38.6%
棄児	10	0.5%	7	0.2%
父母の養育拒否	114	6.1%	173	3.8%
破産等の経済的理由	125	6.7%	163	3.6%
児童の問題による監護困難	—	—	345	7.5%
その他	285	15.2%	408	8.9%
計	1,870	100.0%	4,591	100.0%

注：この図の数値は2017（平成29）年度中に新規に措置された児童施設入所児・里親等
　　委託児の総数の割合を示しており，図8-3の数値とは異なる．
出典：厚生労働省子ども家庭局家庭福祉課「社会的養育の推進に向けて」（2019〔平成
　　31〕年4月）をもとに筆者が作成．

規模化（小規模グループケア）やグループホーム化などの推進が図られている。

③ 自立援助ホーム（児童自立生活援助事業）

　自立援助ホームは，「児童福祉法」第6条の3，第33条の6に「児童自立生活援助事業」として規定されている。

　社会的養護を必要としながら，福祉，医療，労働，司法などの制度の狭間で支援を受けられなかった子どもたちに，「誰一人も見捨てない」，「最後の砦」という思いをもつ人々によって開設された歴史がある。

　対象児童は義務教育を終了した満20歳未満の児童等や，大学等に在学中で満22歳になる年度の末日までにある者（満20歳に達する日の前日に自立援助ホームに入居していた者に限る）であって，児童養護施設等を退所した者またはその他の都道府県知事が必要と認めた者である。

　事業の目的は，上記の児童等が共同生活を営むべき住居（自立援助ホーム）において，相談その他の日常生活上の援助や生活指導，就業の支援を行い，あわせて援助の実施を解除された者への相談その他の援助を行うことに

表8-2　自立援助ホーム（児童自立生活援助事業）数の推移

年	2013(H25)	2014(H26)	2015(H27)	2016(H28)	2017(H29)
施設数（か所）	113	118	123	143	154

出典：厚生労働省子ども家庭局家庭福祉課「社会的養育の推進に向けて」（2019〔平成31〕年4月）をもとに筆者が作成.

より，社会的自立の促進に寄与することである。

近年，自立援助ホームのニーズは高く，施設数は増加し続けている。

（3）障害のある子どもを支援する入所施設

障がいのある子どもを支援する児童福祉施設の入所施設として障害児入所施設がある。

障害児入所施設は，「児童福祉法」第42条に規定されている施設で，2011（平成23）年度まで各障害別に分かれていたが，2012（平成24）年の「児童福祉法」改正により「障害児入所施設」として一元化し，重複障害等への対応の強化を図るとともに，自立に向けた計画的な支援の提供が行われることとなった。

表8-3　2種別のサービスの内容

福祉型障害児入所施設	医療型障害児入所施設
・食事，排せつ，入浴等の介護 ・日常生活上の相談支援，助言 ・身体能力，日常生活能力の維持・向上のための訓練 ・レクリエーション活動等の社会参加活動支援 ・コミュニケーション支援・身体能力，日常生活能力の維持・向上のための訓練	・疾病の治療 ・看護・医学的管理の下における食事，排せつ，入浴等の介護 ・日常生活上の相談支援，助言 ・身体能力，日常生活能力の維持・向上のための訓練 ・レクリエーション活動等の社会参加活動支援 ・コミュニケーション支援

そこで従来の事業形態等を踏まえて，「福祉型」障害児入所施設，医療を併せて提供する「医療型」障害児入所施設の2類型となった。

対象者は，

　　・身体に障害のある児童，知的障害のある児童または精神に障害のある児童（発達障害児を含む）

　　・医療型については，知的障害児（自閉症児），肢体不自由児，重症心身障害児

　　・児童相談所，市町村保健センター，医師等により療育の必要性が認められた児童で，手帳（身体障害者手帳・療育手帳（知的障害）・精神障害者保健福祉手帳）の有無は問わない。

18歳以上の障害児施設入所者には，障害者施策（障害者総合支援法の障害

表8-4　知的障害児入所施設の在籍児の年齢構成

総計	5歳以下	6〜11歳	12〜14歳	15〜17歳	18〜19歳	20〜29歳	30〜39歳	40歳以上
4843人	135人	857人	945人	1702人	297人	391人	209人	307人
100%	2.8%	17.7%	19.5%	35.1%	6.1%	8.1%	4.3%	6.3%
	3,639人（75.1%）				1,204人（24.9%）			

注：割合（%）は小数点以下第2位を四捨五入しているため上段の割合の合計は99.9%となっている.
　　本調査は236施設に対して実施され，回答施設は159施設（回収率67.4%）であった.
出典：公益財団法人日本知的障害者福祉協会児童発達支援部会「全国知的障害児入所施設 実態調
　　　査報告」（2017（平成29）年度）p.86をもとに執筆者が作成.

福祉サービス）で対応することを踏まえ，自立（地域生活への移行等）を目指した支援の提供を行っている。しかし家庭復帰が困難なこと，地域での受け皿（障害者入所施設やグループホーム）の整備不足などから，他の児童福祉施設に比べ，20歳を超えた入所者が多く生活を続けている。

　知的障害児入所施設を対象に行われた公益財団法人日本知的障害者福祉協会児童発達支援部会「全国知的障害児入所施設 実態調査報告」（2017〔平成29〕年度）の結果において，在所延長児童の人数と割合は表4のとおりである。また，20歳以上の在所延長児童が一人もいない施設が回答施設159施設中88施設（55.3%）と半数を超えている反面，20歳以上の在所延長児童が在所児童の50%以上を占める施設が回答施設159施設中21施設（13.2%）となっている。

（4）心理的な治療を必要とする子どもを支援する児童福祉施設

　心理的な治療を必要とする子どもを支援する児童福祉施設として児童心理治療施設がある。

　児童心理治療施設は，「児童福祉法」第43条の2により規定されている施設で，家庭環境，学校における交友関係，その他の環境上の理由により社会生活への適応が困難となった児童を短期間入所させて，あるいは保護者の下から通わせて，社会生活に適応するために必要な心理に関する治療および生活指導を主として行う。また退所した者について相談，その他の援助を行うことを目的とする。

　具体的には，心理的・精神的問題を抱え日常生活の多岐にわたり支障をきたしている子どもたちに，医療的な観点から生活支援を基盤とした心理治療を行い，また施設内の分級など学校教育との緊密な連携を図りながら，総合的な治療・支援を行う。さらにその子どもの家族への支援も行う。

　児童養護施設入所児童等調査の結果（2013〔平成25〕年2月1日現在）によれば比較的短期間（平均在所期間2.1年）で治療し，家庭復帰や，里親・児童養護施設での養育につなぐ役割を担う。また通所部門をもち，在宅からの

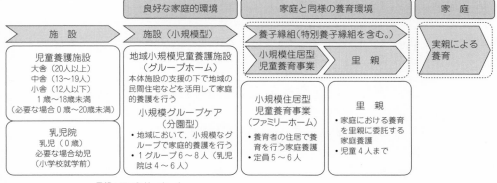

図8-4　家庭と同様の環境における養育の推進

出典：厚生労働省子ども家庭局家庭福祉課「社会的養育の推進に向けて」（2019〔平成31〕年4月）.

通所での心理治療等の機能をもつ施設もある。同上の調査で，入所児で何らかの障害等がある子どもが72.9％を占める。

　児童心理治療施設では，児童精神科等の医師に常時連絡がつき対応できる体制を整えている。また，心理療法担当職員の配置基準が厚く，アセスメント（入所までの経緯や現状の把握など）・コンサルテーション（多職種との連携と調整など）・心理療法・カウンセリングを行うことができる。

　学校教育においては，施設内の分教室や分校をもつ場合がほとんどであるが，近隣の学校の普通学級，特別支援学級に通う場合もある。

（5）家庭と同様の環境における養育の推進

　児童が心身ともに健やかに養育されるよう，より家庭に近い環境での養育の推進を図るため，2016（平成28）年6月に改正された「児童福祉法」に，国・地方公共団体（都道府県・市町村）の責務として，家庭と同様の環境における養育の推進等が明記された（第3条の2）。

　それらの対応として

　　1）児童が家庭において健やかに養育されるよう，保護者を支援すること。…図8-4上段の「家庭」にあたる。

　　2）家庭における養育が適当でない場合，児童が「家庭における養育環境と同様の養育環境」において継続的に養育されるよう必要な措置をすること（特に就学前の児童については，この措置を原則とすること等を通知において明確化）。…図8-4上段の「家庭と同様の養育環境」にあたる。

　　3）2）の措置が適当でない場合，児童が「できる限り良好な家庭的環

境」で養育されるよう必要な措置をすること。…図8-4上段の
「良好な家庭的環境」にあたる。

の3点が示されている。

3．ひとり親家庭への支援と非行少年などへの支援

（1）ひとり親家庭を支援する児童福祉施設

　ひとり親家庭を支援する児童福祉施設として母子生活支援施設がある。
母子生活支援施設は，「児童福祉法」第38条により規定されている施設で，
配偶者のない女子またはこれに準ずる事情にある女子，その者の監護すべき
児童を入所させて，これらの者を保護する。また，これらの者の自立の促進
のためにその生活を支援し，あわせて退所した者について相談その他の援助
を行うことを目的とする施設である。

　従来は生活に困窮する母子家庭に住む場所を提供する施設であり，「母子
寮」の名称であったが，1997（平成9）年の「児童福祉法」改正で，母子生
活支援施設の目的に「入所者の自立の促進のためにその生活を支援するこ

表8-5　母子生活支援施設の入所理由別入所世帯数等（2017〔平成29〕年度入所世帯）

区　　分		管内入所	広域入所		合計
			県　内	県　外	
夫等の暴力	世帯数	275	221	278	774
	児　童	498	392	538	1.428
入所前の家庭環境の不適切	世帯数	84	16	6	106
	児　童	127	22	7	156
母親の心身の不安定	世帯数	33	5	7	45
	児　童	38	10	10	58
職業上の理由	世帯数	2	0	0	2
	児　童	2	0	0	2
住宅事情	世帯数	210	16	3	229
	児　童	303	24	4	331
経済的理由	世帯数	138	9	6	153
	児　童	191	14	10	215
その他	世帯数	32	5	6	43
	児　童	37	6	7	50
合　　計	世帯数	774	272	306	1,352
	児　童	1,196	468	576	2,240

出典：厚生労働省子ども家庭局家庭福祉課「社会的養育の推進に向けて」（2019〔平成31〕年4
月）．

と」を追加し，名称も変更された。

　近年では，DV被害者（入所理由が夫等の暴力）が半数以上を占めるようになっている。また精神障害や知的障害のある母親や，発達障害などの障害のある子どもも増加している。「母子が一緒に生活しつつ，共に支援を受けることができる唯一の児童福祉施設」という特性を活かし，保護と自立支援の機能・役割の充実と強化が求められている。

（2）非行少年などを支援する児童福祉施設

　非行少年などを支援する児童福祉施設として児童自立支援施設がある。

　児童自立支援施設は，「児童福祉法」第44条により規定されている施設で，不良行為をなし，またはなすおそれのある児童および家庭環境，その他の環境上の理由により生活指導等を要する児童を入所させ，または保護者のもとから通わせて，個々の児童の状況に応じて必要な指導を行う。また，その自立を支援し，あわせて退所した者について相談その他の援助を行うことを目的とする施設である。

　子どもの行動上の問題，特に非行問題を中心に対応する児童自立支援施設は，1997（平成9）年の「児童福祉法」改正により「教護院」から名称を変更し，「家庭環境その他の環境上の理由により生活指導等を要する児童」も対象に加えられた。通所，家庭環境の調整，地域支援，アフターケアなどの機能充実を図りつつ，非行ケースへの対応はもとより，他の施設では対応が難しくなったケースの受け皿としての役割をもつ。

　児童自立支援施設は，職員である実夫婦とその家族が小舎（少人数の単独の建物）に住み込み，家庭的な生活の中で入所児童に一貫性・継続性のある支援を行うという伝統的な小舎夫婦制や，小舎交代制という支援形態で展開してきた施設であり，小規模による家庭的なケアを100年以上にわたって実践してきた。

　また，専門性を有する職員を配置し，「枠のある生活」を基盤とする中で，子どもの健全で自主的な生活を志向しながら，規則の押しつけではなく，家庭的・福祉的なアプローチによって，個々の子どもの育ち直しや立ち直り，社会的自立に向けた支援を実施している。

　児童自立支援施設への児童の入所は，「児童福祉法」による措置のほかに，少年法に基づく家庭裁判所の保護処分等により入所する場合があり，これらの役割から「児童福祉法」では，都道府県等に児童自立支援施設の設置義務が課せられており，大多数が公立施設である。

演習問題

1．あなたが生活している地域にはどのような児童福祉施設があるか，都道府県のホームページなどで調べてみよう。
2．保育所の保育士と入所施設の保育士の役割の相違点を整理し，それぞれに求められる姿を考えてみよう。
3．「子どもの最善の利益」と「社会全体で子どもを育む」ために，今後，社会的養護が目指すべき方向（理想のすがた）について話し合ってみよう。

引用・参考文献

井村圭壯・相澤譲治編著（2016）『保育実践と社会的養護』勁草書房．
井村圭壯・今井慶宗編著（2017）『社会福祉の基本体系 第5版』勁草書房．

（古川　督）

第9章　地域の子育て家庭への支援の現状と課題

　社会変化の影響を受け，子育てが大変な時代となっている。社会全体で子育てをしていく必要があるが，地域でどのように子育て支援が行われているのだろうか。本章では，保育士が行う地域の子育て家庭への支援について学ぶこととする。

1．地域の子育て家庭への支援

（1）子育てに関する社会や家庭の変化

　子育てが大変な時代になったといわれている。子育ては，決して一人でできるものではないが，現代の子育ては「孤育て」という言葉が生まれるほど，一人で抱える子育てになってしまっている。「皆で子育て」をするという光景は，なかなか見られないという現状がある。

　ここで，たとえば，「サザエさん」の家庭を取り上げてみよう。サザエさんの家庭は，3世代が揃っている家庭である。サザエさんの生活の舞台になっている昭和30年代頃には珍しくなかった，多世代の家庭である。サザエさんの子どものタラちゃんに関われる人は，母親のサザエさん以外にもたくさんいる。仮に母親のサザエさんの具合が良くない時があったとしても，代わってタラちゃんと遊んでくれる人もいることだろう。一方，現代のように，子育てを一人で抱えてしまった場合には，母親は自分の体調が良くない時も，無理をしながら子育てを続けるしかないということになるだろう。

　もう少し時代は後になるが，「ドラえもん」に出てくるのび太くんの家族は核家族である。ドラえもんの生活の舞台になっている昭和50年代頃は核家族が増えた時代である。祖父母の家庭内での日常的な育児協力についてはサザエさん家庭とは異なるだろうが，のび太くんには地域の仲間がいた。約束するともなく何となく公園に行くと，そこにジャイアンやスネ夫やしずかちゃんなど，いつのまにかいつもの仲間が現れ，そこで何らかのやり取りが始まる。地域の中に子どもが遊べる場所が残っていた時代である。一方，現代の子どもたちはどうだろうか。子ども同士が遊びたいと思っても，アポを取り，時間や場所の調整をしないと難しい状況なのではないだろうか。外で子どもたちが群れで遊ぶのは，遠い昔の光景となった。

　現代の子どもには，「仲間」「空間」「時間」という3つの「間」がなくなったと言われるが，かつて，子どもたちは群れで遊び，地域の大人たちが

それを自然に見守る光景があった。親ではない大人が子どもに声をかけることは，現代よりずっと多かっただろう。地域の大人が子どもの育ちに関わっていく姿は，ドラえもんの話の中にも登場する。

　少し前のことになるが，2016（平成28）年にNHKスペシャル「ママたちが非常事態!?〜最新科学で迫るニッポンの子育て〜」という番組が放映されたことがあった。これには，母親たちからの予想以上の反響があり，取材班は，子育てに悩み苦しむ母親たちの多さを思い知ったということである。子育て中の母親からの大きな反響により，その後，第2弾が放映された。その番組の内容は，「産後の女性ホルモンの変化により，母親は不安や孤独を感じやすい。それで古来から人間はみんなで子育てを行なってきた。みんなで協力して行う子育て『共同養育』は，人間本来の子育ての形だった。しかし，現代は母親一人にかなりの部分がゆだねられている。子育てが辛いのは当然。」ということを科学的な知見も交えて発信したものであった。そして，現代でも森で共同養育をしているカメルーンのバカ族の子育てが紹介された。

　現代の母親たちが「子育てが辛い」と悩むのは，「人間としてあたりまえのことなのだ」ということがわかり，放送終了後，母親から「肩の荷が下りた」「涙が流れて仕方なかった」等の便りが届いたということである。

　子育てが辛いと感じるのは，決して特別なことではない。一人で子育てを抱えていたらもちろんのこと，子育てに協力的な家族がいる場合でも，子育て支援が必要ない親などいないのではないだろうか。

（2）喫緊の対応が必要な子育ての状況

　図9-1は，児童相談所での児童虐待相談対応件数である。統計を取り始めた平成の初めから徐々に増え，平成20年代ではさらに急激な勢いで，増加の一途を辿っている。子育て支援が必要だとされ，地域の子育て支援の拠点が増えてきているが，異常事態ともいえる増え方で推移している。児童虐待相談対応件数は年々増え続け，2018（平成30）年には15万件を超えてしまったという状況である。子育て家庭に対する社会の支援は，喫緊の課題である。保育士をはじめとする子どもの育ちに関わる多くの大人たち，そして社会全体が，この問題に向き合わなければならない，待ったなしの状況なのではないだろうか。

（3）地域子育て支援拠点

　全国に点在する地域子育て支援拠点は，子育て中の親子の出会いと交流の場であり，乳幼児の子どもたちが自由に遊び，関わり合う場所である。地域の大人が子育てを見守る中で，親も子どもも子育て支援スタッフも共に育ち

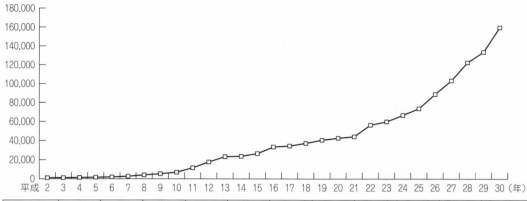

年　　度	平成20年度	平成21年度	平成22年度	平成23年度	平成24年度	平成25年度	平成26年度	平成27年度	平成28年度	平成29年度	平成30年度(速報値)
件　　数	42,664	44,211	注)56,384	59,919	66,701	73,802	88,931	103,286	122,575	133,778	159,850
対前年度比	105.0%	103.6%	—	—	111.3%	110.6%	120.5%	116.1%	118.7%	109.1%	119.5%

図9-1　児童相談所での児童虐待相談対応件数

注：平成22年度の件数は，東日本大震災の影響により，福島県を除いて集計した数値.
出典：厚生労働省資料.

　あう場である。これらの拠点は，地域のつながりが薄くなってきた現代において，地域の人と人とのつながりを作り出す場でもある。かつてのように，近隣で子どもたちが群れで遊ぶ時代ではなくなった現代社会の中では，意図的に地域のつながりを作る必要がある。それが地域の子育て支援拠点である。

　共働きの母親，専業主婦の母親，どちらもそれぞれ子育ての大変さがあるが，24時間子育てを抱える専業主婦の子育てストレスは，ことさら大きいということが理解されるようになった。そのような中で，保育所に通っていない地域の親子の子育て支援の必要性についても重要視されるようになり，1990年代頃から地域の子育て支援拠点は，徐々に広がってきた。

　子育て支援センター，子育てひろば等の名称で，地域の親子の居場所を作り，子育ての相談にも応じてきたが，実施形態が多様化する中で，2015（平成27）年には地域子ども・子育て支援事業の中に組み込まれ，機能別に「一般型」「連携型」に再編成された（図9-2参照）。

　基本事業としては，図9-2にもあるように，親子が集い交流すること以外にも，子育てに関する相談を行なったり，子育てに必要な情報を提供したり，子育てに役立つ講習等を行ったりする中で，親同士が支え合える関係作りも行っている。

　なお，地域の子育て支援の拠点は，国の地域子育て支援拠点の基準を満たしている所以外にも子育てサロン，おもちゃの広場等の名称で，さまざまな団体や個人が親子のために場所を開放し，独自の形態で子育て支援に取り組

	地域子育て支援拠点事業の概要①【一般型・連携型】

○「ひろば型」・「センター型」ともに実施形態が多様化。（交流・相談双方を重視する形態など）
→「ひろば型」及び「センター型」を統合し「一般型」に再編
・職員の配置状況，開所日数，取組内容等を考慮した支援の仕組み。
（実施レベルが高い施設により手厚い支援。）
・拠点施設において地域の子育て支援事業を一体的に実施している場合に加算。
○きめ細かな対応と子ども・子育てビジョン達成に向けて着実な事業の推進。
→「児童館型」を「連携型」に再編
・児童館を始め子育て関連施設で実施。（→多様なニーズに対して支援。）
・開所日数等を考慮した支援の仕組み。（実施レベルが高い施設により手厚い支援。）

	一般型	連携型
機能	常設の地域の子育て拠点を設け，地域の子育て支援機能の充実を図る取組を実施	児童福祉施設等多様な子育て支援に関する施設に親子が集う場を設け，子育て支援のための取組を実施
実施主体	市町村（特別区を含む。） （社会福祉法人，ＮＰＯ法人，民間事業者等への委託等も可）	
基本事業	①子育て親子の交流の場の提供と交流の促進　②子育て等に関する相談・援助の実施 ③地域の子育て関連情報の提供　④子育て及び子育て支援に関する講習等の実施	
実施形態	①～④の事業を子育て親子が集い，うち解けた雰囲気の中で語り合い，相互に交流を図る常設の場を設けて実施 ・地域の子育て拠点として地域の子育て支援活動の展開を図るための取組（加算） 一時預かり事業や放課後児童クラブなど多様な子育て支援活動を拠点施設で一体的に実施し，関係機関等とネットワーク化を図り，よりきめ細かな支援を実施 ・出張ひろばの実施（加算） 常設の拠点施設を開設している主体が，週１～２回，１日５時間以上，親子が集う場を常設することが困難な地域に出向き，出張ひろばを開設	①～④の事業を児童福祉施設等で従事する子育て中の当事者や経験者をスタッフに交えて実施 ・地域の子育て力を高める取組の実施（加算） 拠点施設における中・高校生や大学生等ボランティアの日常的な受入・養成の実施
従事者	子育て支援に関して意欲があり，子育てに関する知識・経験を有する者　（２名以上）	子育て支援に関して意欲があり，子育てに関する知識・経験を有する者（１名以上）に児童福祉施設等の職員が協力して実施
実施場所	保育所，公共施設空きスペース，商店街空き店舗，民家，マンション・アパートの一室等を活用	児童福祉施設等
開設日数等	週３～４日，週５日，週６～７日／１日５時間以上	週３～４日，週５～７日／１日３時間以上

図9-2　地域子育て支援拠点事業の概要

出典：厚生労働省資料.

んでいる例も少なくない。

（4）保　育　所

　子どもが好きで保育士になりたいと思う人が多いが，子どもの幸せのためには，当然子育て家庭に対する支援も欠かせない。そして，それは保育所に通う子どもの家庭の支援だけではなく，地域の子育て家庭の支援も保育士に期待されているところである。児童福祉法第18条の４にもあるように，保育士の仕事は，保育と保護者支援の２本立てである。より良い保育のためには，子育て家庭への支援が欠かせない。

保育所には，併設の子育て支援センターを開設しているところもあるが，そこは地域の親子の居場所にもなり，家庭にいる子どもが保育所というところを垣間見ることも可能となる。それ以外にも，園庭を開放したり，園の行事に地域の親子も招待したり，地域の子育ての拠点としての開かれた保育所となっている。また「一時保育」では，在籍児以外の子どもの保育も行われている。今，保育所は地域に開かれた子育ての拠点としての役割が求められている。

（5）地域の子育て支援の実際：ノーバディズ・パーフェクトプログラム

　地域の子育て支援を実施していくためにはさまざまな方法があるが，その中の一つとして，乳幼児の子育て中の保護者を対象にした親の学習プログラム「Nobody's Perfect（完璧な親は誰もいない）」プログラムを紹介しよう。このプログラムは，親のための相互学習プログラムであり，元々，乳幼児をもつ若い親たちが自信をもって子育てができるようにとカナダで始まったものである。カナダで発行されたテキスト「からだ」「安全」「こころ」「行動」「親」は日本語にも訳され，必要に応じてテキストが活用されている。

　「Nobody's Perfect（完璧な親は誰もいない）」プログラムは，グループワークのテーマも自分たちで決めていくという参加者主体の場である。進行役のFA（ファシリテーター）は，親同士の相互作用に目を向けながら，一人一人のエンパワメントに心を配っている。ちなみに，エンパワメントとは，その人がもつ本来の力を十分発揮できるように支援することである。人のもつ力を信じて関わることが大切なのである。

　通常は，託児付きで1回2時間を6回〜8回の連続で行う講座である。会場や託児の関係上，3回ほどの連続講座の簡易版での開催も試みられているが，子育て仲間を得て，子育ての苦労を分かち合える例も少なくない。

2．母子保健サービスと子どもの健全育成

（1）母子保健サービス体系

　日本の乳児・新生児死亡率は，2017（平成29）年に1.9（1000人に対して）となり，世界的に見ても低い数値である。1955（昭和30）年に39.8だったことを考えると目覚ましく，医療や衛生面での進歩がうかがえる。その反面，0歳児の虐待死が増えているという実態もある。

　この0歳児の虐待死についていえば，虐待死の半分は0歳児であり，さらにその半分が0か月，生まれて間もない新生児である。その背景には，望まない妊娠等があると言われている。主たる加害者は，実母が大変多くなって

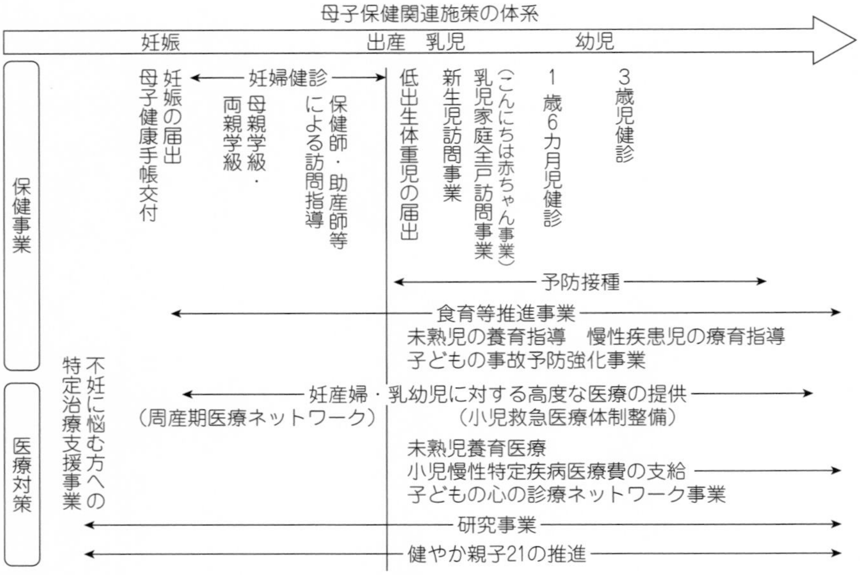

母子保健関連施策の体系

妊娠　　　　出産　乳児　　　幼児

保健事業

妊娠の届出 母子健康手帳交付
妊婦健診 母親学級・両親学級
妊婦健診による訪問指導 保健師・助産師等
低出生体重児の届出
新生児訪問事業
乳児家庭全戸訪問事業（こんにちは赤ちゃん事業）
1歳6カ月児健診
3歳児健診
予防接種
食育等推進事業
未熟児の養育指導　慢性疾患児の療育指導
子どもの事故予防強化事業

医療対策

不妊に悩む方への特定治療支援事業

妊産婦・乳幼児に対する高度な医療の提供（周産期医療ネットワーク）（小児救急医療体制整備）
未熟児養育医療
小児慢性特定疾病医療費の支給
子どもの心の診療ネットワーク事業
研究事業
健やか親子21の推進

図9-3　母子保健関連施策

出典：厚生労働省資料.

いる。

　また，児童福祉法第6条の3の5項でいう「特定妊婦」の問題がある。「出産後の養育について出産前において支援を行うことが特に必要とされる妊婦」のことである。家庭環境上の複雑さなどから養育困難などのおそれがあり，適切な養育が行われるよう，妊娠期からの継続的な支援が必要とされている。

　こうしたことから，母子保健に関わる施策は，妊娠中から，出産直後，そして乳幼児の子育てに及び，切れ目のない支援を目指している。

　1歳半健診や3歳児健診は，母子保健法に規定されており，市町村で実施されている。子どもの成長発達の一つの節目として，保健師等を中心に実施され，保護者への育児指導が行われている（図9-3参照）。

（2）子育て世代包括支援センター（母子健康包括支援センター）

　2016（平成28）年の児童福祉法において，市町村の「子育て世代包括支援センター」（母子保健法上の「母子健康包括支援センター」）の設置が努力義務とされ，妊産婦や乳幼児の健やかな健康のための支援の事業展開をしている。妊娠期からの子育て期への切れ目のない支援を包括的に行うこととされ，保健師や助産師等が健康に関する不安や悩みにワンストップで対応する。安心して子育てができるように他機関との連携を図りながら子育て家庭支援を

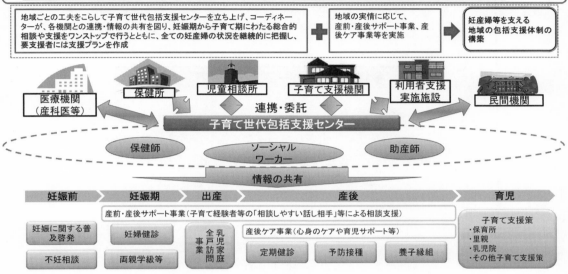

図9-4　子育て世代包括支援センター

出典：厚生労働省資料.

担っている。

（3）乳児家庭全戸訪問事業

　図9-4にある「乳児家庭全戸訪問事業」は「こんにちは赤ちゃん事業」
等の名称で，生後4か月までの乳児のいるすべての家庭を訪問する市町村の
事業である。子育ての孤立化を防ぐために，親の不安や悩みを聞きながら，
適切な情報提供および適切なサービス提供を行うことにより，子どもが健や
かに育つように環境整備を図ることを目的としている。

（4）学 童 保 育

　学童保育は，放課後児童健全育成事業（放課後児童クラブ）として，児童
館等で，共働き家庭の小学生に放課後の適切な遊びや生活の場を提供してい
る。共働きの親の「小1の壁」という言葉がある。保育所では，延長保育や
休日保育等，親の働き方に合わせて，保育所利用ができた。しかし，子ども
が保育所を卒園するとそれが難しくなる。小学生になると，急に家で留守番
ができるようになるというわけではない。子どもを一人で家に置いておくの

は，保護者にとっても心配なことである。仕事を続けることができるだろうかという壁にぶつかることがあるが，それが「小1（小学1年生）の壁」である。そこで必要となるのが，学童を対象とした保育，学童保育である。学童保育は，小学校の下校後や夏休み等の長期の休みに対応して，子どもの安全を守っている。保育所に比べると数が少なく，今後の事業の充実が求められている。

3．多様な保育ニーズへの対応

（1）児童福祉施設

　児童福祉法に規定されている児童福祉施設は，現在12種類の施設があり，障害のある子どもの施設には，「障害児入所施設」と「児童発達支援センター」等がある。それぞれに「福祉型」と「医療型」があり，医療型では，特に医療的なケアが日常的に必要な子どもが利用している。

　児童発達支援センターは，障害のある子どものための通所の療育施設である。どちらも保育士が，医療やリハビリ等の多職種と連携しながらチームアプローチで子どもたちの援助を行っている。

　児童発達支援センターと保育所は，別々の児童福祉施設であるが，両方を利用している子どももおり，子どもの成長・発達について共通理解をしながらの連携が大切である。療育と併せ，インクルーシブ保育の中での育ちも欠かせないものであり，保育所や幼稚園と療育施設との連携が必要となっている。

（2）保育所

　保育所は，多様な保育ニーズに対応している児童福祉施設であり，延長保育，一時保育，休日保育，夜間保育，病児・病後児保育等，必要に応じて保育を行っている。地域の特徴はさまざまであり，その地域のニーズに応えるように保育所の役割を果たしている。たとえば，休日に出勤する人が多い地域では休日保育を実施し，変則勤務等で決まった時間の送迎が難しい場合には，延長保育等で対応している。また，親の仕事の都合上，子どもが一人で夜を過ごすくらいなら，夜間も保育を行おうということで，夜間保育が実施されているところもある。24時間保育を実施している保育園の日常を描いた映画も制作されたりしている（映画「夜間もやってる保育園」）。地域のニーズに対応する中で，保育所のかたちも変化していく。

　さらに，保育所では多様な子どもを受け入れるようになってきており，障害のある子ども，それ以外にも特別な支援が必要な子ども，家庭環境上の支

援を必要とする子ども等，ニーズが多様化する中で，保育士の業務も広がっている。

　障害児保育は昭和40年代から始まり，徐々に広がっていき，現在は多くの保育所が障害児を受け入れるようにはなっている。しかし，個別の状況で考えると，さらに丁寧な個別対応が望まれるという現状がある。特に医療的なケアが必要な子どもについては，受け入れ施設の状況や本人の体調管理の面から難しい場合もあり，家庭への個別訪問での保育も実施されている。

　ここで，障害児の受け入れに関わる，「統合保育」あるいは「インクルーシブ保育」について触れておくと，両語は同義語で使われることが多い言葉であるが，保育所や幼稚園で障害のある子どもを受け入れ，一緒に保育をすることを「統合保育」と呼ぶ。どちらも障害の有無にかかわらず，子どもを分け隔てなく一緒に保育するという形態ではあるが，障害のある子どもとない子どもを別々に捉えるのではなく，すべての子どもという考え方から，「包み込む」という意味合いが含まれる「インクルーシブ保育」という言葉が広く使われるようになった。

（3）インクルーシブの場として地域の子育て支援拠点

　園でのインクルーシブ保育について述べたが，地域の子育て支援拠点ではどうなのだろうか。1歳半健診や3歳児健診では，発育や健康状態の確認が行われる中で，障害の早期発見にも力を入れている。早期発見し，早期に対応することで諸々の障害が軽減されることが期待される。しかし，障害の疑いを告げられ，他の子どもとの異なる発達が気になったまま，心配だけが残ってしまう保護者もいる。そのような時に，親子の支援の必要性に合わせながら，共に育ち合うことのできる地域の子育て支援の場の役割が期待されるところである。

演習問題

1．今後，保育者が力を入れていく必要がある子育て支援は何か。グループでディスカッションし，発表し合ってみよう。

2．産前産後の時期に保育者が関わる場合，気を付けていくべきことは何か。グループでディスカッションし，発表し合ってみよう。

3．子育て支援拠点に，特別な支援が必要な子どもが参加した場合，配慮することはどのようなことがあるか。グループでディスカッションし，発表し合ってみよう。

引用・参考文献

NHK スペシャル取材班（2016）『ママたちが非常事態⁉　最新科学で読み解く
　　ニッポンの子育て』ポプラ社.

子ども家庭リソースセンター編（2003）『Nobody's Perfect　活用の手引き　カ
　　ナダからの子育て・親支援プログラム』ドメス出版.

渡辺顕一郎／橋本真紀編著（2018）『地域子育て拠点ガイドラインの手引き　子
　　ども家庭福祉の制度・実践を踏まえて第3版』中央法規.

喜多一憲（2018）『児童家庭福祉』みらい.

保育福祉小六法編集委員会編（2019）『保育福祉小六法2019年版』みらい.

松本園子・堀口美智子・森和子（2017）『子どもと家庭の福祉を学ぶ』ななみ書
　　房.

吉田眞理（2018）『児童の福祉を支える児童家庭福祉』萌文書林.

波多埜英治・辰巳隆（2019）『保育士をめざす人の子ども家庭福祉』みらい.

（園川　緑）

第10章　要保護・要支援児童への支援

　　子どもの権利擁護とは，第一に生命の安全保障であり，発達の保障である。その意味で，児童虐待は，もっとも深刻な子どもの権利侵害といえる。また，主に女性に対する暴力であるDVも大きな社会問題となっている。そして，専門的なケアを必要とする社会的養護や障害児施策も，子どもの権利を保障し，社会資源を活用して援助するソーシャルワークの視点が求められている。本章では，その現状と課題について説明する。

1. 児童虐待・DV（ドメスティックバイオレンス）とその防止

（1）児童虐待対応の歴史

　　スウェーデンの女性思想家エレン・ケイ（1849-1926）は，1900年の著書『児童の世紀』で，20世紀は児童の世紀になると述べたが，言い換えれば，それまで子どもは，ひとりの人間として扱われてこなかった。

　　日本でも，ケイの思想が紹介され，親からの暴力や劣悪な労働環境で苦しむ子どもの姿が新聞に掲載されると，徐々に子どもの権利が意識され始めた。その結果，1909（明治42）年に，原胤昭（1853-1942）が「児童虐待防止事業」という論文を発表し，1919（大正8）年には，賀川豊彦（1888-1960）が「児童虐待防止論」を著した。「児童の権利に関するジュネーブ宣言」（1924年）が紹介されたのもこの頃である。

　　1929（昭和4）年，世界恐慌によって，失業と貧困は増大し，児童労働や人身売買など子どもを取り巻く環境は悪化した。そこで，1933（昭和8）年，14歳未満の子どもを対象とする「児童虐待防止法」が成立した。

　　この法は，暴行や監禁，遺棄，傷害などの犯罪行為と，曲芸，物乞い，障害児の見世物，酒席での使役などの児童労働を虐待として禁止した。親権が優先される当時でも，法学者・穂積重遠（1883-1951）は，「子どもは生まれたばかりの小さな赤ん坊でも一人の立派な人格，一つの社会人である」と主張し，「親権は権利である一方，親の国家社会人類に対する義務でもあり，親権の行使を怠らない義務と親権を濫用しない義務がある」として，親権が子の権利を守る義務であることを明らかにした（吉見，2012）。

　　しかし，この法は，虐待する親には訓告を与えるのみで，罰則は設けられず，1947（昭和22）年，児童福祉法の制定によって廃止された。

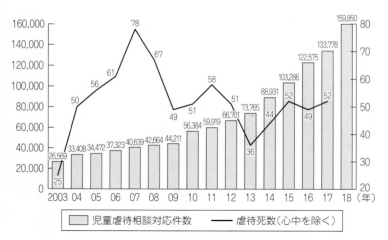

図10-1　児童相談所における児童虐待相談対応件数と
児童虐待による死亡事例件数の推移

出典：厚生労働省（2019）「令和元年度全国児童福祉主管課長・児童相談所長会議
資料」，および社会保障審議会児童部会虐待等要保護事例の検証に関する専
門委員会（2018）「子ども虐待による死亡事例等の検証結果等について」.

　第2次世界大戦後，X線写真などの医療診断技術が向上すると，アメリカ
の小児科医ケンプらは，骨折などの身体的外傷に親からの暴力が多く含まれ
ていることを発見し，「Battered Child Syndrome：被殴打児症候群」（1962
年）という論文を発表した。これは，アメリカで大きな反響を呼び，1974年，
虐待の発見と通告を重視した連邦法「児童虐待防止と対応法（Child Abuse
Prevention and Treatment Act = CAPTA）」が成立した。

　日本でも，1973（昭和48）年に，コインロッカーベイビーと呼ばれる乳児
遺棄事件が多発し，児童虐待，遺棄，殺害事件に関する調査が行われた。と
ころが，80年代の政策は家族を国家が介入すべきではない私的・自律的領域
と見なすことで，子どもの養育や教育に対する国家の役割を制限・縮小しよ
うとするものであり，家族への積極的な介入は行われなかった。そのため，
児童福祉法に定める「虐待通告」や「立ち入り調査」「裁判所への申立て」
は，有効に使われなかった（広井，2012）。

　その後，1990（平成2）年に，はじめて全国の児童相談所における児童虐
待相談対応件数の調査が実施され，1,101件を記録した。その後，1994（平
成6）年に子どもの権利条約を批准し，2000（平成12）年に「児童虐待の防
止等に関する法律」（以下「児童虐待防止法」）が制定されると，児童虐待の
社会的認知が進み，児童虐待相談対応件数は増加した。2018（平成30）年度
は，16万件に迫っている（図10-1）。

　一方で，児童虐待死は，調査期間を15か月間とした2007（平成19）年を除
いて，おおむね50〜60人で推移しており，横ばいである（図10-1）。

（2）児童虐待の定義と通告

　児童虐待防止法第2条は，児童虐待を，18歳未満の児童に対し，次に掲げる行為を行うことと定義している（表10-1）。

表10-1　児童虐待の4類型

①身体的虐待
児童の身体に外傷が生じ，又は生じるおそれのある暴行を加えること。

②性的虐待
児童にわいせつな行為をすること又は児童をしてわいせつな行為をさせること。

③ ネグレクト
児童の心身の正常な発達を妨げるような著しい減食又は長時間の放置，保護者以外の同居人による①③④と同様の行為の放置その他の保護者としての監護を著しく怠ること。

④ 心理的虐待
児童に対する著しい暴言又は著しく拒絶的な対応，児童が同居する家庭における配偶者に対する暴力（配偶者（事実上婚姻関係と同様の事情にある者を含む。）その他の児童に著しい心理的外傷を与える言動を行うこと

　児童虐待防止法は，アメリカのCAPTAと同様に，児童虐待の早期発見と迅速な通告を重視している。第5条では，「学校，児童福祉施設，病院その他児童の福祉に業務上関係のある団体及び学校の教職員，児童福祉施設の職員，医師，保健師，弁護士その他児童の福祉に業務上関係のある者は，児童虐待を発見しやすい立場にあることを自覚し，児童虐待の早期発見に努めなければならない」としている。

　また，「児童虐待を受けたと思われる児童を発見した者は，速やかに，これを…中略…市町村，都道府県の設置する福祉事務所若しくは児童相談所に通告しなければならない」（第6条）として，すべての国民に児童虐待通告を義務づけている。通告が守秘義務違反とならないこと（第6条3），通告者を特定できる情報を関係機関が漏らしてはならないこと（第7条）も定めている。

　通告の対象は，当初，虐待を「受けた」児童であったが，2004年の改正によって，「受けたと思われる」児童にまで拡大した。これにより，児童虐待を裏付ける客観的な事実がなくても通告できるようになり，「泣き声」だけの通告が増加した。

　同じく，2004（平成16）年の改正で，子どもの目の前で配偶者に対して暴力をふるう面前DV（ドメスティックバイオレンス）が心理的虐待に追加されると，警察からの通告が増加した。2016（平成28）年，警察庁は，再度，虐待通告を確実に行うよう通達を出したため，虐待の相談経路別に占める警察の割合は，2006（平成18）年の7％から2018年には50％に増加した（図10-2）。2018（平成30）年度，警察による児童虐待通告人員8万252人のうち，心理的虐待は5万7,434人で，そのうち面前DVは6割を占める（警察庁，2019）。

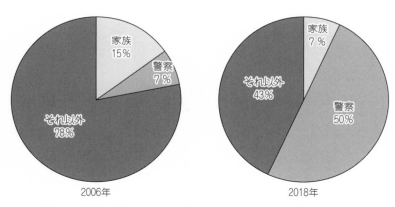

2006年 2018年

図10-2　児童相談所における児童虐待相談の経路別（2006・2018）
出典：厚生労働省（2019）「令和元年度全国児童福祉主管課長・児童相談所長会議資料」.

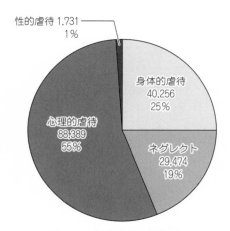

図10-3　児童虐待の種類別
出典：厚生労働省（2019）「令和元年度全国児童福祉主管課長・児童相談所長会議資料」.

　面前 DV や泣き声通告の増加によって，児童虐待相談の種類別で最も多いものが，2011（平成23）年以降，身体的虐待から心理的虐待になり，その割合は，2018（平成30）年に全体の55％を占めるまでになった（図10-3）。

（3）通告後の対応（調査，出頭要求，立入調査，臨検・捜索）

　児童虐待相談・通告を受けた児童相談所は，保育所や学校，医療機関への問い合わせによる情報収集とともに，速やかに子どもの安全確認を行い，必要な場合には一時保護を行わなくてはならない（第8条）。
　安全確認は，児童相談所職員または児童相談所が依頼した者が，子どもを直接目視することによって，48時間以内に行うことが望ましいとされている（児童相談所運営指針）。児童相談所を設置するすべての自治体が，48時間ルー

ルを実施しており，群馬県，福井県，鳥取県，長崎県，堺市は，さらに積極的な24時間以内の安全確認を行うことにしている。

　家庭訪問などによる相当な調査を行っても，子どもの状態が確認できないなど，都道府県知事（委託を受けた児童相談所）が，児童虐待が行われているおそれがあると認めるときは，保護者に対し，児童を同伴して出頭することを求めることができる（出頭要求・第8条2）。原則として，職員が文書を直接交付して行うが，保護者が応じないときは，立入調査を行う（第9条）。さらに，保護者が，正当な理由なく立入調査を拒否した場合には，児童相談所は，再び出頭要求を行うことができる（再出頭要求・9条2）。

　それでも保護者が出頭要求や立入調査に応じず，児童虐待が行われている疑いがあるときは，児童相談所は，裁判官があらかじめ発する許可状を得たうえで，虐待が疑われる児童の住居等を臨検し，捜索を行うことができる（臨検，捜索・9条3）。ただし，原則として日没から日の出までは行わないことになっている。

　虐待が行われている疑いとは，長期間にわたって子どもの所在が不明であったり，自宅に引きこもったりして，子どもの状況を直接目視して把握できない状態であり，虐待のおそれよりも緊急度が増している。

　しかし，臨検・捜索は，2008（平成20）年の施行開始からの6年間で7件しか実施されていないため，2016（平成28）年の児童福祉法改正によって，再出頭要求を行わなくても臨検・捜索できるようになった。

　2018（平成30）年7月から2019（令和元）年6月までの間に，児童相談所が受理した虐待通告（子ども数）15万3,571人のうち，1万1,984人（7.8％）の安全確認が，48時間を超えている。その97％は，緊急性が低いと判断したためとしているが，妥当な判断であったか不明である。相次ぐ児童虐待死事件の発生を受け，国は，48時間以内の安全確認の徹底と，それができない場合の立入調査を求めている。

（4）親権停止および喪失

　親権とは，親の利益のためではなく，子どもの利益のためのものであることから，虐待など，監護養育する親の義務（＝親権）を果たさない場合には，親権を制限する必要がある場合もある（久保，2017）。

　制限の方法のひとつが，「親権喪失」（民法834条）である。父母の虐待や遺棄によって子どもの利益が著しく害されることが要件で，審判が確定すると，親権は将来にわたってすべて失われる。ただし，相続や扶養などの法的関係は残る。

　しかし，子どもが医療処置を受ける必要があるにもかかわらず親権者が同

表10-2　親権制限事件の終局区分月件数

	2011	2012	2018
親権制限事件	127	184	378
うち親権喪失		103	131
うち親権停止		69	236
うちその他		7	9

出典：最高裁判所事務総局家庭局（2019）「親権制限事件及び児童福
祉法に規定する事件の概況」.

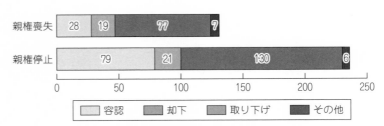

図10-4　親権制限事件の終局区分別割合
出典：最高裁判所事務総局家庭局（2019）「親権制限事件及び児童福祉法に規定す
る事件の概況」.

意しない医療ネグレクトのように，親権を完全に奪う必要のない場合でも，医療処置には，親権喪失の申立てをしなければならなかった。また，審判の要件が厳格であり，親権を無期限に奪う重大さや親子関係の再構築ができないこともあり，積極的に活用されてこなかった。

そこで，2011（平成23）年の民法改正により，「親権停止」（民法834条2）が創設された。これは，2年までを期限として，親権者が親権を行使できないようにするものである。要件は，親権喪失要件から「著しく」を除いたものであり，親権喪失まで至らない比較的軽度のものを対象としている。

親権停止中であっても，親と面会交流する子どもの権利（子どもの権利条約第9条）があり，親子再統合をはかる上でも，面会交流を行うことが検討される場合もある。また，依然として虐待の危険性があるなど，親権停止を延長する必要があるときには，再度，親権停止の申立てを行わなければならない。親権停止制度の施行によって，親権制限事件は増加している（表10-2）。また，申立ての結果は図10-4のとおりである。

（5）DV対策

DVとはDomestic Violence（ドメスティックバイオレンス）の略語であり，過去の関係も含めた配偶者間や内縁関係，恋人関係等に起こる暴力や暴力による支配状態のことをいう。2001（平成13）年に制定された「配偶者からの暴力の防止及び被害者の保護等に関する法律（以下「DV防止法」）」では，

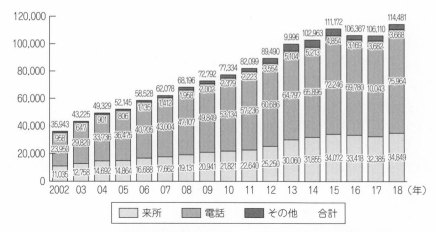

図10-5　配偶者暴力相談支援センターにおける相談件数の推移
出典：内閣府男女共同参画局（2019）「配偶者からの暴力に関するデータ」（令和元年9月25日）.

暴力を，身体に対する暴力だけではなく，心身に有害な影響を及ぼす言動も含むとしている（DV防止法第1条）。

DV防止法では，配偶者暴力相談支援センター（DV防止法第3条）を支援の中心的機関として位置づけており，2018（平成30）年度末で，全国に283か所ある。その内訳は，婦人相談所50か所（17.7％），女性センター31か所（11％），福祉事務所・保健所97か所（34.3％），児童相談所11か所（3.9％）などで，多様な機関が，支援を提供していることがわかる（内閣府男女共同参画局，2019）。

配偶者暴力相談支援センターは，DVに関する相談を受け付けているが，児童虐待と同様に増加を続けており，2018（平成30）年度は，114,481件となっている（図10-5）。相談者の98％（11万2,076件）が女性であり，相談者の83.4％（9万5,478件）が配偶者との間にDV問題を抱えている。

DV被害者の支援には，加害者からの避難，保護，治療，相談など安全な生活の確保が第一である。そのため，警察，病院，民間シェルター，配偶者暴力相談支援センターなどが連携して対応することが必要となる。続いて，生活費，住居，仕事など自立した生活の確保を目指すことになる。福祉事務所，公営住宅，保育園，ハローワークなど，種々の手続きを必要とする場合には，傷ついた心身の回復を見守り，長期的な視野で一貫して相談に応じるソーシャルワークの視点が求められる。

法的な手続きを行って，被害者の安全を確保することが必要な場合，DV防止法は，「配偶者からの身体に対する暴力又は生命等に対する脅迫」により，「生命又は身体に重大な危害を受けるおそれが大きいとき」は，裁判所が，被害者の申立てにより，以下の保護命令を命ずることができるとしてい

る（DV 防止法第10条）。

① 接近禁止命令（6か月間，被害者へのつきまといや被害者の住居，勤務先等の近くをはいかいすることを禁止）

② 電話禁止命令（面会要求，行動監視，連続した無言電話などを禁止）

③ 被害者の子どもや親族への接近禁止命令

④ 退去命令（2か月間，被害者の住居からの退去とはいかいを禁止）

　DV 対策は，面前 DV など，子どもに与える影響も大きいことから，早期発見とその後の迅速な対応が必要である。しかし，家庭内という閉鎖された空間であること，女性の自立が奪われた状態が多いことなどもあって，まだまだ十分な支援が行われているとは言えない。児童虐待も含め，今後は，家庭内における暴力にも，積極的に支援していく体制を整えなければならない。

2．保護・要支援児童への支援の現状

（1）社会的養護
① 社会的養護の体系

　社会的養護とは，保護者のない子どもや，保護者に監護させることが適当でない子どもを，公的責任で社会的に養育し，保護するとともに，養育に大きな困難を抱える家庭への支援を行うことである。

　社会的養護は，家庭養護と施設養護に大別される。さらに，家庭養護は，里親とファミリーホーム（小規模住居型児童養育事業）に分けられる。施設養護は，集団養育を行う大・中・小舎の養護（本体施設）と，6～8人の生活単位を敷地内で複数提供する小規模グループケア（園内型）と，敷地外で小規模グループケア（分園型）および6人を定員とする地域小規模児童養護施設（グループホーム）の3つがある（図10-6）。敷地外の小規模グループケアは，措置費が本体施設に含まれているが，地域小規模児童養護施設は，

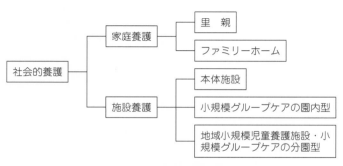

図10-6　社会的養護の体系
出典：厚生労働省の資料をもとに作成．

本体施設とは別に支給されるなどが異なっている。

　施設養護は，小規模化，地域分散化を目指しているが，児童養護施設で6割，乳児院で7割が依然として，集団養育で生活している（表10-3）。

表10-3　小規模化と地域分散化の現状（形態ごとの定員数）

| | 定員総数 | 敷地内 | | | | 敷地外 |
| | | 大・中・小舎 | 小規模グループケア | | | 地域小規模児童養護施設 |
			本体施設内	別棟	分園型	
児童養護施設	30,046人 [100%]	18,205人 [60.6%]	6,706人 [22.3%]	1,960人 [6.5%]	881人 [2.9%]	2,294人 [7.6%]
乳児院	3,617人 [100%]	2,533人 [70.0%]	881人 [24.4%]	125人 [3.5%]	78人 [2.2%]	―

出典：厚生労働省子ども家庭局家庭福祉課（2019）「社会的養育の推進に向けて」．

② 家庭養護と特別養子縁組

　里親とは，要保護児童を養育することを希望する者で，都道府県の委託を受けて子どもを養育する者である（児童福祉法第6条4）。目的や内容によって，養育里親（専門里親も含む），養子縁組里親，親族里親に分けられる。一般生活費や教育費などのほかに，養育里親には，手当も支給される（表10-4）。

表10-4　里親の種類

種類	養育里親	専門里親	親族里親	養子縁組里親
対象児童	要保護児童（養子縁組を前提としない）	虐待を受けた子ども，非行傾向のある子ども，障害のある子ども	両親による養育が期待できない児童で，扶養義務のある3親等以内の児童	要保護児童（家庭復帰の見込みのない児童）
手当など	里親手当：90,000円（月額）一般生活費　乳児58,570円，乳児以外50,800円，教育費，医療費など	里親手当：141,000円（月額）一般生活費　乳児58,570円，乳児以外50,800円，教育費，医療費など	里親手当：なし一般生活費　乳児58,570円，乳児以外50,800円，教育費，医療費など	里親手当：なし一般生活費　乳児58,570円，乳児以外50,800円，教育費，医療費など

注：手当は2020年4月より増額された額を記載。
出典：厚生労働省子ども家庭局家庭福祉課（2019）「社会的養育の推進に向けて」．

　ファミリーホーム（児童福祉法第6条3の8）は，2008（平成20）年の児童福祉法改正で創設されたもので，養育者の住居において家庭養護を行う。定員は5～6名で，個人型と法人型があり，養育者はファミリーホームに生活の本拠を置かなければならない。養育者は，2人の養育者および1人以上の補助者か，1人の養育者および2人以上の補助者であって，養育里親の経験や施設職員の経験などが必要となる。

また，養子縁組（特別養子縁組を含む）は，法律上の親子関係を結んでおり，里親のような手当や一般生活費は支給されない。しかし，後述する社会的養育ビジョンでも，家庭と同様の養育環境とされ，5年以内に成立1,000件を目標にするなど，広義には社会的養護にあたるといえよう。

　特別養子縁組は，1980年代には700件以上を記録したが，近年は300件前後で推移していた。しかし，2013（平成25）年以後，増加に転じ，2018（平成30）年は624件となって8年前の約2倍となった（表10-5）。

表10-5　年度別特別養子縁組成立件数

年	2010	2011	2012	2013	2014	2015	2016	2017	2018
成立数	325	374	339	474	513	542	495	616	624

出典：法務省「司法統計 第3表　家事審判事件の受理，既済，未済手続別事件別件数」，2010〜2018年.

　特別養子縁組の申立を行うためには，養子候補者を6か月間以上養育していなければならない。そのために，児童相談所を通じて養子縁組里親となり，候補となる里子の養育を行うか，民間のNPO団体などを通じて子どもの斡旋を受け，6か月後に特別養子縁組を申し立てる方法がある。

　2018（平成30）年4月に施行された「民間あっせん機関による養子縁組のあっせんに係る児童の保護等に関する法律」（通称：養子縁組あっせん法）では，これまでの届出制から許可制へと改め，都道府県が，民間あっせん機関を監督し，不適切な事業を行う場合には業務改善命令や許可の取り消し等を行うこととした。

　2019（令和元）年には，民法が改正され，特別養子縁組の養子の年齢が，6歳未満から15歳未満へと引き上げられた。

　家事事件手続法も改正され，実親の養育が困難な状況や実親の同意の有無を確認する第1段階（特別養子適格の確認）の審理と，6ヶ月間の試験養育の状態を確認する第2段階（マッチング）の審理を同時に行うことが可能になり，手続きの迅速化が進められた。今回の改正で，実親は，第1段階の審理で養子縁組に同意すると，2週間を経過したのちは同意を撤回することができず，第2段階の審理に関与することもできなくなった。また，これまで，申立ては，養親しか行えず，特別養子適格の確認を養親が行わなければならなかった。改正により，児童相談所長が申立人あるいは参加人として，審判で各種の主張ができるようになった。

　改正法は，2020（令和2）年6月までに施行されることとなっており，ようやく養親の権利や子どもの福祉の観点から特別養子縁組制度が実施されることになった。

（２）障害のある子どもへの対応

　障害児とは，児童福祉法第４条で，「身体に障害のある児童，知的障害の
ある児童，精神に障害のある児童（発達障害者支援法第２条第２項に規定す
る発達障害児を含む。）又は治療方法が確立していない疾病その他の特殊の
疾病であって障害者の日常生活及び社会生活を総合的に支援するための法律
第４条第１項の政令で定めるものによる障害の程度が同項の厚生労働大臣が
定める程度である児童」と定められている。

　同規定では，「身体障害」「知的障害」「精神障害」「難病」の４つが分類さ
れているが，障害の定義は行われていない。たとえば，何かに困ることを障
害とするならば，すべての人に障害があり，社会生活上の困難を障害とする
ならば，生きている社会によって障害とは何かが異なる。

　1980（昭和55）年にWHO（世界保健機関）が，ICIDH（国際障害分類）
を発表し，障害を機能・形態障害，能力障害，社会的不利の３つのレベルに
分けて捉えたことは，障害の定義において画期的であった。しかし，この概
念には，障害をマイナスなものとしており，環境による障害の現れ方も考慮
していなかった。そして，2001（平成13）年に，WHOはICIDHを改定し，
ICF（国際生活機能分類）を採択した。障害や不利は，「活動」や「参加」
という中立的表現へと変えられ，新たに加えられた個人因子と環境因子に
よって，３つの生活機能が影響を受けると考えられた（図10-7）。

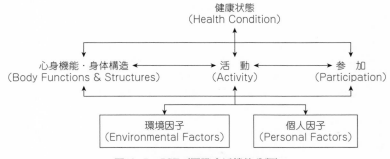

図10-7　ICF（国際生活機能分類）

　こうした障害観の変化は，わが国の障害児福祉サービスの提供にも影響を
及ぼした。医学的に診断可能な客観的事実のみを要件とする「治療モデル」
ではなく，障害のある子ども本人の主観的事実や環境による変化などを考慮
した「生活モデル」への転換が進み，地域での支援体制を整備する方向が検
討されている。

　2012（平成24）年の児童福祉法改正で，障害種別ごとに実施されていた
サービスは，「障害児通所支援」と「障害児入所支援」に大別され，児童デ
イサービスが「放課後等デイサービス」になって夏期休暇なども対応可能と

表10-6　障害児が利用可能な支援の体系

体系	サービス名	概　要	利用児童数*
障害児通所系	児童発達支援	日常生活における基本的な動作の指導，知識技能の付与，集団生活への適応訓練などの支援を行う	78,199
	医療型児童発達支援	日常生活における基本的な動作の指導，知識技能の付与，集団生活への適応訓練などの支援及び治療を行う	2,330
	放課後等デイサービス	授業の終了後又は休校日に，児童発達支援センター等の施設に通わせ，生活能力向上のための必要な訓練，社会との交流促進などの支援を行う	139,718
障害児訪問系	居宅訪問型児童発達支援	重度の障害等により外出が著しく困難な障害児の居宅を訪問して児童発達支援などと同等の支援を行う	―
	保育所等訪問支援	保育所，乳児院・児童養護施設等を訪問し，障害児に対して，障害児以外の児童との集団生活への適応のための専門的な支援などを行う	3,210
障害児入所系	福祉型障害児入所施設	施設に入所している障害児に対して，保護，日常生活の指導及び知識技能の付与を行う	1,579
	医療型障害児入所施設	施設に入所又は指定医療機関に入院している障害児に対して，保護，日常生活の指導及び知識技能の付与並びに治療を行う	1,993
相談支援系	計画相談支援	【サービス利用支援】 サービス等利用計画案を作成し，支給決定後，事業者等と連絡調整等を行い，サービス等利用計画を作成 【継続利用支援】 サービス等の利用状況等の検証（モニタリング）・事業所等と連絡調整，必要に応じて新たな支給決定等に係る申請の勧奨	1,001
	障害児相談支援	【障害児利用援助】 障害児通所支援の利用計画案を作成し，給付決定後，事業者等と連絡調整等を行うとともに利用計画を作成【継続障害児支援利用援助】	33,582
訪問系	居宅介護（ホームヘルプ）	居宅において，入浴，排せつ及び食事等の介護，調理，洗濯及び掃除等の家事その他の生活全般にわたる援助を行う。	9,222
	同行援護	移動に著しい困難を有する視覚障害者等の外出時に，障害者等に同行し，移動の援護その他の当該障害者等が外出する際の必要な援助を行う	160
	行動援護	行動上の困難を有する知的障害者や精神障害者等の危険を回避するために，必要な援護や，外出時の介護，排せつ及び食事等の介護その他の援助を行う	2,672
	重度障害者等包括支援		0
日中活動系	短期入所（ショートステイ）	居宅で介護を行う者が病気の場合などに，児童福祉施設等に短期間の入所をさせて，入浴，排せつ及び食事の介護その他の必要な支援を行う	7,830

注：＊ 平成28年7月現在（居宅訪問型児童発達支援は平成30年新設）。

なり，「保育所等訪問支援」が創設されて専門的な支援が受けられるようになった。可能な限り，住み慣れた環境で支援を受けられる体制の確保が目指されている（表10-6）。

　児童相談所，医療機関，入所施設，保健所，保育所等，家族といった階層ごとに行われている支援の中心に，児童発達支援センターを置き，連携することによって重層的な支援体制を構築する方向が模索されている（図10-8）。障害は，成人を対象としたサービスと児童を対象としたサービスの他に，医

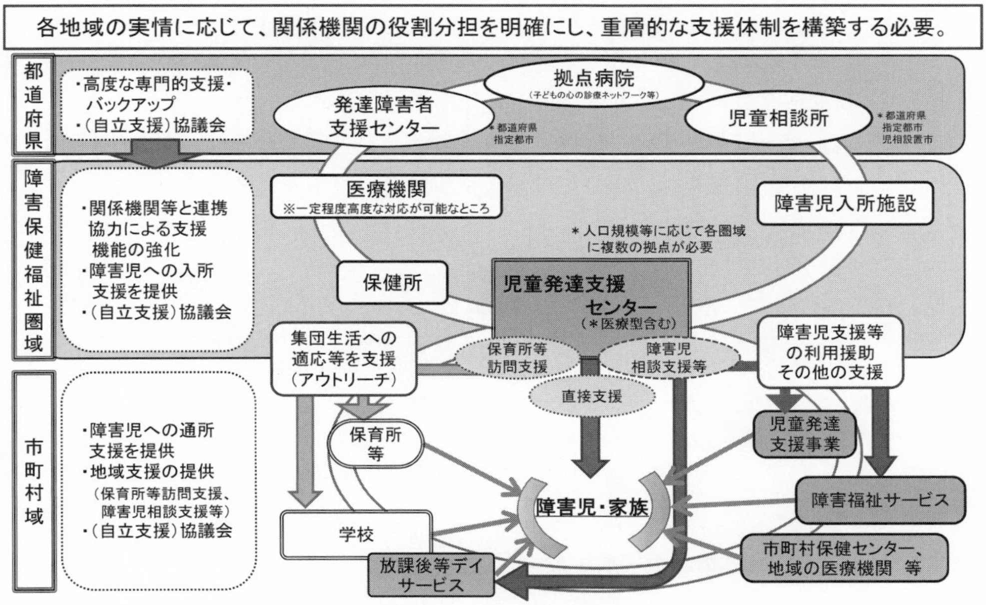

図10-8　障害児の地域支援体制の整備の方向性のイメージ

出典：厚生労働省（2014）「今後の障害児支援の在り方について」（報告書）.

療機関との関わりも深く，支援のネットワークを複数用意することは重要である。しかし，それぞれに異なる援助の方向性をまとめるためには，児童発達支援センターの職員に高い専門性が要求されることになる。

　表からもわかるとおり，放課後等デイサービスの利用人数が最も多い。新規参入の条件が緩いこともあって，2012（平成24）年の制度開始以来，放課後等デイサービスは，事業数・利用者数ともに大幅に増加した。特に営利法人の参入が，4年間で6倍以上となるなど最も多くなっている（図10-9）。一方で，利潤を追求し支援の質が低い事業所や適切ではない支援を行う事業所が増加しており，支援内容の適正化と質の向上のため，2017（平成29）年度から，事業の見直しが行われた。すなわち，

① 障害児支援等の経験者の配置

　　a.児童発達支援管理責任者の資格要件を見直し，保育所等の児童福祉に関する経験を追加し，障害児・児童・障害者の支援の経験（3年以上）を必須化する

　　b.配置すべき職員を「指導員又は保育士」から「児童指導員，保育士又は障害福祉サービスを2年以上経験した者に見直し，そのうち，児童指導員又は保育士を半数以上配置する

② 放課後等デイサービスガイドラインの遵守及び自己評価結果公表の義務付け

そして，利潤の追求を抑制するため，これまで一律の単価設定となっていた基本報酬を，利用者の状態像（食事，排せつ，入浴及び移動など）を勘案した指標を設定し，報酬区分を設定した。

　また，授業終了後に提供する場合に，1日に行われるサービス提供の時間が短い事業所については，人件費等のコストを踏まえた基本報酬を設定した。

図10-9　放課後等デイサービスの推移

（3）ひとり親家庭への支援

　ひとり親家庭の就業率を国際的に比較すると，日本の母子家庭は81.8%，父子家庭は85.4%（ともに2011年）であるのに対し，諸外国のひとり親家庭（2018年）は，フィンランド61.6%，イギリス63%，フランス62.7%，ドイツ68.7%となっている（厚生労働省，2017および OECD，2018）。この背景には，日本は，先進国の中でも，教育費の支出に占める家庭の割合が非常に高く，子どもにかかる費用を親自身が負担しなければならないことなどがあると考えられる。

　また，収入の中央値を男女で比較すると，日本は男性に対し女性は24.6%も賃金が低いのに対し，ルクセンブルクは3.4%，ベルギーは4.7%となっており，日本の男女の賃金格差は先進国の中でもかなり大きい（OECD，2018）。さらに，父子家庭に比べて，パート・アルバイトが非常に多く，働いて得られる収入（稼働所得）が少ない。そのため，父子家庭の父自身の収入420万円に比べ，母子家庭の母自身の収入は243万円で，177万円もの差がある。（表10-7）。

　ひとり親世帯の87%を占める母子家庭の経済状況が厳しいため，ひとり親世帯全体の貧困率も厳しいものとなっている。OECD（経済協力開発機構：先進諸国）30か国のうち，日本のひとり親世帯の貧困率は，最も高く，58.7%と半数以上の世帯が貧困となっている（図10-10）。

　ひとり親家庭への支援策は，2002（平成14）年より，「就業・自立に向けた総合的な支援」を強化するようになり，「子育て・生活支援策」「就業支援策」「養育費の確保策」「経済的支援策」の4本柱により行われている。就業を重視した支援を行ったため，15歳以下の子どもを持つ母親の就業率は，

表10-7　ひとり親家庭の状況

		母子世帯	父子世帯
世帯数		123.2万世帯	18.7万世帯
ひとり親世帯になった理由		離別　79.5% 死別　　8.0%	離別　75.6% 死別　19.0%
就業状況		81.8%	85.4%
	就業者のうち正規の職員・従業員	44.2%	68.2%
	就業者のうち自営業	3.4%	18.2%
	就業者のうちパート・アルバイト	43.8%	6.4%
平均年間収入（母又は父自身の収入）		243万円	420万円
平均年間就労収入（母又は父自身の就労収入）		200万円	398万円
平均年間収入（同居親族を含む世帯全員の収入）		348万円	573万円

出典：厚生労働省子ども家庭局家庭福祉課（2019），「ひとり親家庭等の支援について」。

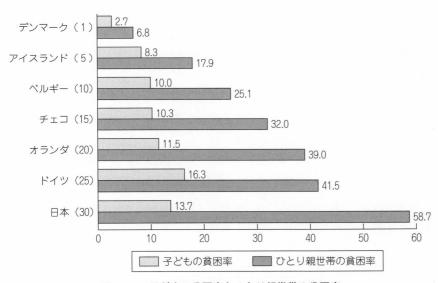

図10-10　子どもの貧困率とひとり親世帯の貧困率

注：（　）の中の数字は，OECD30か国中のひとり親世帯の貧困率の順位。
出典：厚生労働省（2009）「子どもがいる現役世帯の世帯員の相対的貧困率の公表について」報道資料より作成。

1998年の44.7％から，2014年には63.2％にまで増加した（OECD，2018）。言い換えれば，母子世帯が働かなければならない政策を実行したが，労働市場では女性の賃金が低く，子どもがいるため就業時間や就業形態も限られるため，ますます貧困になっているということである。

　まず，「子育て・生活支援施策」として，母子・父子自立支援員による相談支援，ヘルパー派遣，保育所等の優先入所，子どもの生活・学習支援事業等，母子生活支援施設の機能拡充が行われている。このうち，学習支援事業

とは，高等学校卒業程度認定試験の合格等のためにひとり親家庭の親への学習支援を実施することなどである。

　さらに，母子家庭等の生活支援として，子育て短期支援事業（児童福祉法第6条の3第3項）がある。これは，母子家庭等が病気・出産・出張などで一時的に児童の養育が困難になった時に，児童福祉施設で預かる短期入所生活援助（ショートステイ）事業と，保護者が仕事等の理由により平日の帰宅が夜間になる場合に，児童を児童養護施設等に通わせて，生活指導，食事の提供等を行う夜間養護等（トワイライトステイ）事業からなる。参考に，京都市では，2歳以上のショートステイは母子父子世帯であれば1日1,000円，小学生を対象とするトワイライトステイは1日750円である。低額で安全なサービスを利用することができる仕組みである。

　次に，「就業支援対策」として，母子・父子自立支援プログラム，マザーズハローワーク，母子家庭等就業・自立支援センター事業，能力開発等のための給付金の支給などがある。例を挙げると，母子家庭の母等が就職に有利な資格を取得するために養成機関で修業する期間の生活を支援するための給付金である高等職業訓練促進給付金がある。この給付金の対象となる資格は，養成機関において1年以上のカリキュラムを修業することが必要とされているという条件があり，看護師，介護福祉士，保育士，歯科衛生士，理学療法士，保健師，助産師等が挙げられる。

　「養育費確保支援」は，養育費の取り決めが進まない日本の現状を反映したもので，養育費相談支援センター事業，母子家庭等就業・自立支援センター等における養育費相談の推進，「養育費の手引き」やリーフレットの配布などである。厚生労働省の調査によると，離婚した父親から養育費を現在も受けていると答えた母子世帯は24.3％で，平均月額（養育費の額が決まっている世帯）は43,707円となっている（厚生労働省，2017）。

　4つめの，「経済的支援」は，児童扶養手当の支給，母子父子寡婦福祉資金（父子家庭への拡大）などである。母子父子寡婦福祉資金は，事業開始，事業継続，修学，技能習得，修業，就職支度，医療介護，生活，住宅，転宅，就学支度，結婚の12種類にわたり，20歳未満の児童を扶養している配偶者のない女子または男子，寡婦等に貸し付けられるものである。たとえば，修学資金貸付は，自宅外の私立短期大学，専修学校（専門課程）に通う場合は月額9万円，同じく大学に通う場合は月額9万6,000円を無利子で貸し付けるもので，卒業後6か月経過してから20年間を償還期間としている。

　そのほかにも，多くのひとり親家庭への支援策が講じられているが，就業して子どもを養育していかなければならないという考え方が強く，こうした制度が知られていないのが現状である。自治体の窓口をワンストップ化（一

表10-8　新しい社会的養育ビジョンの数値目標及び期限

社会的養護の課題と将来像（2011）		現状	新しい社会的養育ビジョン（2017）	
		500件／年	特別養子縁組成立件数	概ね5年以内に1,000件
里親及びファミリーホーム	今後十数年をかけて，概ね1／3	18.30%	里親委託率 3歳児未満 就学前 学童以降	概ね5年以内に75% 概ね7年以内に75% 概ね10年以内に50%
グループホーム	今後十数年をかけて，概ね1／3		地域分散化された小規模施設（地域小規模児童養護施設と「分園型」グループケアを原則とする。職員配置基準の見直し，ケアの高機能化・多機能化。	
本体施設（児童養護施設は全て小規模ケア）	今後十数年をかけて，概ね1／3			

出典：塩崎恭久事務所（2018）．

元化）することはもちろん，全国民的な周知を図る必要がある。

3．新しい社会的養育ビジョン

　前に述べたように，2016（平成28）年の児童福祉法改正により，家庭養育の優先を図る理念を実現するものとして，2017（平成29）年に「新しい社会的養育ビジョン」が示された。

　「社会的養護」の問題解決を図るには，家庭への養育支援から施設や里親などの代替養育までの「社会的養育」の充実が欠かせないとの立場から，徹底した家庭養育優先の理念を打ち出したことが大きな特徴である。

　そのため，家庭的養護（里親やファミリーホーム），小規模グループケアなどの家庭的養育環境，施設養護をそれぞれ3分の1ずつとする「社会的養護の課題と将来像」（2011年）を全面的に見直すことが必要となり，新たな数値目標をもとにした工程が示された（表10-8）。

　そもそも日本は，子どもの権利条約の実施に関して政府が提出した「日本政府第3回定期報告書」の審査の最終見解で，国連子どもの権利委員会から，次の点に懸念を表明されていた。すなわち，「親のケアを受けていない子どもを対象とする，家族を基盤とした代替的養護に関する政策が存在しないこと，家族から引き離されて養護の対象とされる子どもの人数が増えていること，小集団の家庭型養護を提供しようとする努力にも関わらず多くの施設の水準が不十分であること，および，代替的養護施設において子どもの虐待が広く行なわれているという報告があること」（子どもの権利委員会，2010）である。

　2017（平成29）年度に受理された児童虐待相談の対応は，12万1,182件

（89.7％）が面接指導であり，施設入所措置（4,277件・2.9％）や里親等委託（568件・0.4％）など実際に子どもを保護者から分離して保護するケースは少ない。しかし，児童福祉司1人あたりが受け持つケースも多く，積極的な面接指導が行われているとは言い難い。再び通告がなければ，「落ち着いている」と判断し，虐待が疑われる段階になって，ようやく支援を開始する場合も少なくない。

　社会的養育ビジョンは，こうした虐待の危険が高く，集中的な在宅支援を要する家庭に対する分離しないケアの充実を求めており，そのためには，身近な市町村におけるソーシャルワーク体制の構築が欠かせない。そこで，中核市や特別区による児童相談所の設置を促進するために計画的な支援を行うことも盛り込まれている（新しい社会養育の在り方検討会，2017）。

　そのほかにも，自立支援（リービング・ケア，アフター・ケア）の充実や，特別養子縁組の推進など，これまでのわが国の社会的養護に不足していた課題が取り上げられた意義は大きい。

　また，里親のリクルート（新規募集と認定）から委託，委託終了後の支援までを一貫して行う包括的支援体制（フォスタリング機関）の抜本的強化と里親制度改革が年限を決めて行われることになっている。

　2020（令和2）年度には，質の高い里親養育体制の確立を目指し，2021（令和3）年までを目途に，「一時保護里親」や「専従里親」の創設が検討されている。

　今回のビジョンでは，里親委託率の向上（とそれに伴う児童養護施設や乳児院の変化）に多くの注目があつまっているが，社会的養育ビジョンの成否は，地方自治体ソーシャルワークを構築できるかどうかにかかっているといえよう。

演習問題

1．児童虐待を防止するために効果的な子育て支援は何か。グループでディスカッションし，発表し合ってみよう。

2．里親委託を進めるには何が必要だろうか。里親委託率は，都道府県によって大きな差がある。各自が暮らす都道府県の里親委託率を調べ，グループでディスカッションし，発表し合ってみよう。

3．発達障害などの子どもが，幼児期から学童期，青年期へと移行していく中で，保護者が必要とするサービスにはどんなものがあるだろうか。グループでディスカッションし，発表し合ってみよう。

引用・参考文献

新しい社会養育の在り方検討会（2017）『新しい社会的養育ビジョン』厚生労働省.

久保健二（2017）「ツールとしての法律を使いこなす」『児童相談所改革と協働の道のり──子どもの権利を中心とした福岡市モデル』明石書店.

警察庁（2019）「平成30年における児童虐待の検挙状況等について」.

厚生労働省（2017）「平成28年度全国ひとり親世帯等調査結果報告」厚生労働省.

子どもの権利委員会（2010）「条約第44条にもとづいて締約国が提出した報告書の検討　総括所見：日本」日本語仮訳：子どもの権利条約NGOレポート連絡会議.

塩崎恭久事務所（2018）『「児童の養護と未来を考える議員連盟」資料』（2020年1月20日閲覧）.

内閣府男女共同参画局（2019）「配偶者暴力相談支援センターにおける配偶者からの暴力が関係する相談件数等の結果について（平成30年度分）」

広井多鶴子（2012）「戦後の家族政策と子どもの養育──児童手当と子ども手当をめぐって」『実践女子大学人間社会学部紀要』8：46-70，実践女子大学.

吉見香（2012）「戦前の日本の児童虐待に関する研究と論点」『教育福祉研究』18：53-64，北海道大学.

OECD（2018）Family Datebase.（2020年1月20日閲覧）

（山川宏和）

コラム7　里親支援：中核市と民間フォスタリング機関の挑戦

　2018（平成30）年度の児童虐待相談対応件数では，上位6都府県（大阪・神奈川・東京・埼玉・千葉・愛知）が，159,850件のうちの79,905件（50％）を占めている。しかし，全国の15歳未満の子どもに占める6都府県の割合は41％で，都市部の方が児童虐待相談の多いことがわかる。

　児童福祉法は，都道府県と指定都市に児童相談所を設置する義務を課している（第12条および第59条の4）。2004（平成16）年の児童福祉法改正によって，中核市（政令で指定された人口20万以上の市）も児童相談所を設置することができるようになり，2016（平成28）年には，特別区（東京23区）も設置することができるようになった。こうして，都市部の児童虐待相談に対応できる基礎が整ったが，2006（平成18）年に，横須賀と金沢市が児童相談所を設置したのみであった。58の中核市の多くに，都道府県の児童相談所が設置されていることも，その理由だと考えられる。

　そして，2019（平成31）年に，明石市が中核市として3番目の児童相談所を開設した。奈良市も，2021（令和3）年度の開設を目指し，練馬区を除く22の特別区も設置を予定している。

　明石こどもセンター（児童相談所）の特徴は，専門職の配置が手厚いことで，国基準10人の児童福祉司を18人，5人の児童心理司を8人，1人の保健師を4人配置している。さらに，確保が難しいため，児童福祉法に「配置又はこれに準ずる」とされている弁護士も，常勤で2人配置している。子どもや家庭，学校など地域に最も近い基礎自治体である市が設置する児童相談所には，その強みを生かした，迅速できめ細かい児童虐待防止と対応が期待される。

　明石市のもう一つの特徴が，「あかし里親100％プロジェクト」である。市内の28小学校区すべてに里親を配置し，就学前の里親を必要とする子どもにかかる里親委託率100％を目指すという2つの取り組みが行われている。

　こうした取り組みに欠かせないのが，里親の広報・リクルート，研修，マッチング，委託中や委託解除後の支援などの「フォスタリング業務」で，明石市では，児童相談所，児童養護施設，乳児院，里親会，あかしこども財団あかし里親センターなどと連携して取り組んでいる。そのうちの1つ，あかし里親センターを運営する家庭養護促進協会は，1960（昭和35）年に，現在のファミリーホームのような「家庭養護寮」（神戸市）を普及発展させるために設立された団体である。1962（昭和37）年からは，新聞・ラジオで里親や養子縁組を求める「愛の手運動」をはじめ，里親希望者の受付・面接・研修・家庭調査なども行っている（協会ホームページより）。

　里親委託に積極的な地方自治体の里親委託率は，大きく伸びている（さいたま市：2007（平成19）年度末5.7％→2017（平成29）年度末36.8％）。始まったばかりの，またこれから始まる地方自治体の取り組みが，経験のある民間組織との協働によって大きな実を結ぶことを期待せずにはいられない。

（山川宏和）

▶明石こどもセンター（児童相談所）　子育て支援センターやこども図書館を併設

▶あかし里親センター（センターより提供）

第11章　子ども家庭福祉の動向とソーシャルワーク

　少子化が進行し，子どもと子育て家庭を取り巻く環境が大きく変化している。そうしたなか，次世代育成支援対策推進法が制定され，子育て家庭を支援する環境整備が進められている。また，子ども・子育て支援新制度のもと，地域子ども・子育て支援事業が展開されている。さらに，子育て世代包括支援センター，市区町村子ども家庭総合支援拠点，新しい社会的養育ビジョンなどの新たな動向も見られる。そこで，本章では，次世代育成支援対策や子ども家庭福祉の動向について，それとともに，子ども家庭福祉の対象，基本的枠組み，ソーシャルワークの視点について学ぶ。

1．次世代育成支援対策の推進

（1）少子化対策としてのエンゼルプランと新エンゼルプラン

　少子化が社会問題化したのは，1989（平成元）年に人口が増減する基準である2.08という人口置換水準を下回ったことに遡る。そして，1994（平成6）年12月に，1995（平成7）年度～1999（平成11）年度の5年間に取り組むべき基本的方向と重点施策を定めた「今後の子育て支援のための施策の基本的方向」を示す「エンゼルプラン」が策定された。しかし，少子化の進行を止めることはできず，待機児童のみが増加した。

　そこで，1999年（平成11）12月に，2000（平成12）年度～2004（平成16）年度の5年間に取り組むべき「少子化対策推進基本方針」（少子化対策推進関係閣僚会議決定）と「重点的に推進すべき少子化対策の具体的実施計画について」（新エンゼルプラン）が策定され，重点施策の具体的実施計画が示された。しかし，新エンゼルプランでも，少子化の進行に歯止めをかけることはできなかった。

（2）次世代育成支援対策推進法

　エンゼルプランと新エンゼルプランはいずれも，保育所の量的拡充，乳児保育や延長保育等の多様な保育サービスの充実，地域子育て支援センターの整備などの「保育対策」を中心としていた。そのため，「仕事と子育ての両立」や「雇用環境の整備」は手つかずの状況であった。

　それで，少子化の流れを変えるために，2002（平成14）年9月20日に，「男性を含めた働き方の見直し」，「地域における次世代支援」，「社会保障におけ

る次世代支援」，「子どもの社会性の向上や自立の促進」を４つの柱にした「少子化対策プラスワン」が示された。

　2003（平成15）年３月には，少子化対策推進関係閣僚会議において，子どもたちの健やかな成長と子育て世代を全世代で支え，次世代育成に参画できる社会を目指して，「次世代育成支援に関する当面の取組方針」が決定された。そして，同年７月に，地方自治体（特定事業主）および企業（一般事業主）における10年間の集中的・計画的な取組を促進する「次世代育成支援対策推進法」が成立した。

　この「次世代育成支援対策推進法」は，2005（平成17）年４月１日から施行された。なお，この法律は，10年間の時限立法のため，2015（平成27）年３月までと期間限定となっていた。この法律の概ねの内容は以下の５点である。

表11-1　2005年４月１日施行の「次世代育成支援対策推進法」概要

①国は，地方公共団体及び事業主が行動計画を策定する際の根拠となる「行動計画策定指針を策定」。
②市町村及び都道府県は，国の行動計画策定指針に即して，地域における子育て支援，親子の健康の確保，教育環境の整備，子育て家庭に適した居住環境の確保，仕事と家庭の両立等の目標とそれを達成するための「行動計画を策定」。
③事業主は，国の行動計画策定指針に即して，目標を達成するために「一般事業主行動計画を策定」し，都道府県労働局長に届出。
④事業主からの申請に基づき行動計画を定めた目標を達成したこと等の基準に適合する「事業主を認定」。
⑤一般事業主行動計画を策定し届出する件は，301人以上の労働者を雇用する事業主には義務づけられ，300人以下の労働者を雇用する事業主には努力義務とされた。

注：事業主とは，事業を経営する主体．法律上は，労働関係における使用者側のことをいう．企業の経営者側．

　その後，2008（平成20）年に改正次世代育成支援対策推進法が公布され，2011（平成23）年４月１日から，仕事と家庭の両立を支援するための雇用環境の整備等について事業主が策定する「一般事業主行動計画」の公表，従業員への周知，都道府県労働局長への届出が，「101人以上の企業は義務」，「100人以下の企業は努力義務」となった（届出を義務づける企業規模が300人以上から100人以上へと引き下げられた）。

　この次世代育成支援対策推進法により，行動計画を策定・届出し，一定の要件を満たすと，厚生労働大臣の「くるみん認定」を受け，「くるみんマーク」を表示できるようになった。さらに，2015（平成27）年４月１日からは，この「くるみん認定」を受けた「子育てサポート企業」の中でも，特に次世代育成支援対策の実施状況が優良な企業には，「新たな認定（特例認定）」を行うこととなった。この新たな認定を受けた企業は，「プラチナくるみんマーク」を広告等に表示することができ，そのことは，高い水準の子育て支

○次代の社会を担う子どもが健やかに生まれ，かつ，育成される社会の形成に資するため次世代育成支援対策を迅速かつ重点的に推進
○地方公共団体及び事業主に対し，次世代育成支援のための行動計画の策定を義務づけ，10年間の集中的・計画的な取組を推進

行動計画策定指針

○国において地方公共団体及び事業主が行動計画を策定する際の指針を策定。
（例）地方公共団体行動計画：保育の実施の事業，放課後児童健全育成事業等に関する事項（量）を定めるに際して参考とすべき標準を記載一般事業主行動計画：計画に盛り込む内容として，育児休業や短時間勤務に関する取組，所定外労働の削減や年次有給休暇の取得に関する取組を記載

指針の内容を追加

地方公共団体行動計画の策定

①市町村行動計画
②都道府県行動計画
→地域住民の意見の反映，労使の参画，計画の内容・実施状況の公表，定期的な評価・見直し等

事業主行動計画の策定・届出

①一般事業主行動計画（企業等）
・大企業（301人以上）：義務
・中小企業（101人以上）：義務（23年４月〜）
・中小企業（100人以下）：努力義務
➡一定の基準を満たした企業を認定
②特定事業主行動計画（国・地方公共団体等）

計画の策定・届出の枠組みに代えた実績公表の枠組みの追加

認定制度の充実

施策・取組への協力等　　　策定支援等

次世代育成支援対策地域協議会

都道府県，市町村，事業主，労働者，社会福祉・教育関係者等が組織

次世代育成支援対策推進センター

事業主団体等による情報提供，相談等の実施

図11-1　次世代育成支援対策推進法の概要（2005年〜2015年迄の時限立法）
出典：内閣府 HP.

図11-2　「くるみん」と「プラチナくるみん」
注：2017（平成29）年４月１日から認定基準・認定マークが改正されている。
出典：厚生労働省 HP.

援の取り組みを行っている「子育てサポート企業」であることのアピールとなるので，企業のイメージアップや優秀な人材確保につながり，加えて，税制上の優遇措置（くるみん税制）の適用も受けられるということになったのである。

　この次世代育成支援対策推進法は，2015（平成27）年３月までの時限立法となっていたため，2014（平成26）年に，法律の有効期限が10年間延長されて，2025（平成37，令和７）年３月31日となった。

　そして，行動計画策定指針には，企業における仕事と家庭生活の両立支援

〈現行の仕組み〉　　　　　　　　　　〈労働政策審議会雇用均等分科会報告を受けた見直しのイメージ〉

法律の有効期限
平成17年4月1日から平成27年3月31日までの10年間の時限立法

⇒

法律の延長
平成27年4月1日から平成37年3月31日まで10年間延長

行動計画策定指針
行動計画策定指針の内容に即して，行動計画を策定
■基本的な視点
①仕事と生活の調和の視点
②仕事と子育ての両立の視点
③企業全体での取組等の視点
④企業の実情を踏まえた取組の視点
⑤社会全体による支援の視点等
■一般事業主行動計画の内容に関する事項
○仕事と家庭の両立支援のための雇用環境の整備
○働き方の見直しに資する労働条件の整備等

⇒

指針の内容を追加
行動計画策定指針の内容に，新たに①～②の内容を盛り込む
①非正規雇用の労働者が取組の対象であることを明記する
②働き方の見直しに資する取組を進めることが重要である旨を盛り込む
〈働き方の見直しに資する取組〉
・男性の育児休業取得促進の取組
・所定外労働の削減の取組
・年次有給休暇の取得促進の取組等

一般事業主行動計画
一般事業主行動計画の策定・届出義務

⇒

計画の策定・届出に代えた実績公表の枠組みの追加
現行の一般事業主行動計画の策定・届出義務の枠組みを維持しつつ，高い水準の取組を行っている企業（新たに設ける認定を受ける企業）について，一般事業主計画の策定・届出に代えて，両立支援の取組の実績を公表する枠組みを追加

認定制度（認定基準）
厚生労働大臣による認定・表示付与
①適切な行動計画を策定したこと
②計画期間が2年以上5年以下であること
③行動計画に定めた目標を達成したこと
④適切に公表及び労働者への周知をしたこと
⑤男性の育児休業取得者が1人以上いること
⑥女性の育児休業取得率が70％以上であること
⑦3歳から小学校入学するまでの子をもつ労働者を対象とする育児休業等の措置を講じていること
⑧所定外労働の削減，年次有給休暇の取得促進等の措置を講じていること
⑨法及び法に基づく命令その他関係法令に違反する重大な事実がないこと

子育てをサポートしている企業の証
（くるみんマーク）
2017年認定
くるみん

※次世代法の効果的推進方策として，認定制度の認知度を高めるとともに，経済的インセンティブとしての優遇措置の積極的な検討などを行う。

⇒

現行の認定制度の充実
現行の認定基準について以下の見直しを行う
①男性の育児休業取得に係る基準について中小企業の特例を拡充する
②女性の育児休業取得に係る基準の見直しについて検討する
③働き方の見直しに資する多様な労働条件の整備のための措置に係る基準について見直す

新たな認定制度の創設
新たに設ける認定基準について，以下の①～④について現行の認定基準（見直しを行ったもの）よりも高い基準を設ける又は現行の認定基準にないものを追加
①男性の育児休業取得に係る基準について，高い基準を設ける
②働き方の見直しに資する多様な労働条件の整備のための措置について，一定の条件の下で数値目標を定めて実施し，達成することとする
③女性の継続就業に係る基準を新設する【追加】
④育児をしつつ活躍する女性を増やすための取組に係る基準を新設する【追加】

図11-3　次世代育成支援対策推進法の見直しについて

出典：内閣府 HP.

の更なる取組を促進するために，①非正規雇用の労働者が取組の対象であることが明記されるとともに，②男性の育児休業取得促進，所定外労働の削減の取組，年次有給休暇の取得促進の取組等，働き方の見直しに資する取組を進めることが重要であることが明記された。

　また，認定制度を充実するために以下の見直しがなされた。①男性の育児休業取得に係る基準について中小企業の特例を拡充する，②女性の育児休業取得に係る基準の見直しについて検討する，③働き方の見直しに資する多様な労働条件の整備のための措置に係る基準について見直す。

　さらに，現行の認定制度の基準よりも高い基準を設けて，新たな認定制度・基準を創設することになった（図11-2に示した「プラチナくるみん」）。

2．子ども家庭福祉の新たな動向

（1）子ども・子育て支援新制度

　2015（平成27）年4月から始まった「子ども・子育て支援新制度」は，幼児期の学校教育や保育，地域の子育て支援の量の拡充や質の向上を進めていくためにつくられた制度である。この新制度は，2012（平成24）年8月に成立した「子ども・子育て支援法」「認定こども園法の一部改正」「子ども・子育て支援法及び認定こども園法の一部改正法の施行に伴う関係法律の整備等に関する法律」のいわゆる「子ども・子育て関連3法」に基づいている。

　子ども・子育て支援新制度では，支援を必要とするすべての家庭が利用でき，子どもたちがより豊かに育っていける支援を目指して，取組が進められている。

（2）地域子ども・子育て支援事業

　子ども子育て支援新制度によって，市町村は，教育・保育施設を利用する子どもの家庭だけでなく，在宅の子育て家庭を含むすべての家庭および子どもを対象とする事業として，「利用者支援事業」「地域子育て支援拠点事業」「放課後児童クラブ」などの「地域子ども・子育て支援事業」を地域の実情に応じて実施することとなっている。

　市町村は，「子ども・子育て支援法」第59条により，子ども・子育て家庭等を対象とする事業として，市町村子ども・子育て支援事業計画に従って，13事業を実施している。

（3）利用者支援事業

　「地域子ども・子育て支援事業」の中に，「利用者支援事業」が新設されている。これは市町村が子どもや保護者の身近な場所で，教育・保育施設や地域の子育て支援事業等の利用について情報収集を行うとともに，それらの利用に当たっての相談に応じ，必要な助言を行い，関係機関等との連絡調整等を実施するものである。

　この「利用者支援事業」は，子育て家庭が抱えるさまざまな幼児教育・保育に関するニーズに応じて，多様な幼児教育・保育事業を確実に利用できるようにコーディネーションしていく，ケースマネジメントの役割を果たすことになっている。また，家庭や地域における子育て機能の低下や，子育て中の親の孤独感や負担感の増大等に対応するために，地域の子育て中の親の交流促進や育児相談等を行う地域子育て支援拠点事業においても，相談支援，

地域支援が実施されている。

（4）地域子育て支援拠点事業

　地域子育て支援拠点事業においては，「①子育て親子の交流の場の提供と交流の促進」「②子育て等に関する相談，援助の実施」「③地域の子育て関連情報の提供」および「④子育て及び子育て支援に関する講習等の実施」の4事業すべてを実施しなければならないとされている。

　地域子育て支援拠点事業を実施する地域子育て支援拠点は，市町村，社会福祉法人，NPOなどさまざまな形態によって運営されており，地域社会全体で子育て家庭を支援していくために，社会福祉事務所や家庭児童相談室などのフォーマルなサービスと，民生委員・主任児童委員といったインフォーマルなサポートとの連携，協力を得ている。

　なお，地域社会から孤立し，支援が行われている場へ参加できない親子への支援は，地域子育て支援拠点の保育機能を活用した出前保育や，子育て家庭のニーズに対応したサービスが提供できるように，支援の内容を調整したり，家庭訪問型の相談援助を行うリーチアウトを行ったり，多様なタイプの地域子育て支援が必要である。

　中でも，夫や親族の支援を得られず，かといって，地域子育て支援拠点へ出向いてサービスを利用することもできないでいる，母と子のみの孤独な子育ての場合に，どのような支援を行ったらよいかを考えることは，大変重要であるが，同時に大変難しい。地域で子育てをしている親と子が，地域社会から孤立することなく，支援のネットワークからこぼれおちないように支援していくシステム体制を整備することと，それを実施する専門的人材を養成することが課題となっている。

（5）要保護児童対策地域協議会（子どもを守る地域ネットワーク）

　子どもは家庭や地域においてさまざまな社会関係のなかで生活しているので，子ども家庭福祉分野のみならず，保健，医療，教育，司法，警察，労働など，子どもの生活にかかわるすべての分野の協働によるネットワークを設置する必要がある。

　複数の機関がネットワークの重要性を認識しながらネットワークを立ち上げた場合，ケースの進捗状況や援助の適否，問題点，課題等について，特定の機関が責任をもって把握，分析，調整を行う必要がある。

　こうしたことから，2004（平成16）年度児童福祉法改正によって，「要保護児童対策地域協議会（子どもを守る地域ネットワーク）」が，任意設置ではあるが，法律上はじめて位置付けられた。そこでは，児童虐待を受けている

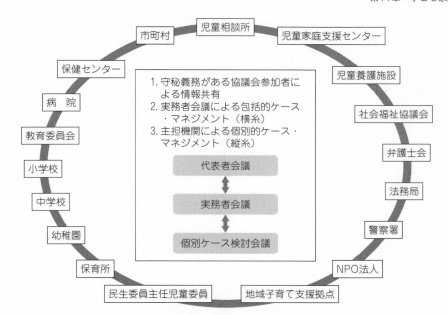

図11-4　要保護児童対策地域協議会（子どもを守る地域ネットワーク）において関係機関が相互連携・役割分担・調整機関を明確化する効果的なネットワーク

出典：厚生労働省（2004）と才村（2005）を参考に作成.

子どもなど要保護児童の早期発見や適切な保護を図るために，関係機関が子どもと子育て家庭に関する情報や考え方を共有し，適切な連携の下で対応している。

　この協議会は，関係機関相互の連携や役割分担の調整を行う機関であり，そこにおいては，個人情報を保護した上で情報が共有され，そして，要保護児童とその保護者に関する情報の交換や支援内容の協議が行われている。

（6）母子健康包括支援センター（子育て世代包括支援センター）

　2017（平成29）年4月1日に施行された改正母子保健法によって，母子健康包括支援センター（子育て世代包括支援センター）が法定化された。このセンターでは，保健師等が対象地域のすべての妊産婦の状況を継続的に把握し，妊娠期から子育て期にわたるまでの母子保健や子育てに関する相談に対応することとなっている。保健師等は，教育・保育・保健施設や地域子育て支援拠点等の情報を収集し，把握した情報に基づいて，利用できる母子保健サービス等を選定し，情報提供を行っている。また，必要に応じて母子保健サービス機関へつなぎ，手厚い支援を必要とする者に対しては，ケース会議等を設けて関係機関と連携調整しながら，ネットワークを形成し，妊娠期から子育て期にわたり，妊産婦を包括的・継続的に支援している。

（7）市区町村子ども家庭総合支援拠点

　改正母子保健法と同じ日に施行された改正児童福祉法では，市区町村に対して，子どもが心身ともに健やかに育成するように，子どもおよび妊産婦の福祉に関し，必要な実情の把握に努め，情報の提供をなし，家庭その他からの相談に応じ，調査および指導を行うなどといったことを求めている。加えて，身近な場所で，子どもやその保護者に寄り添って継続的に支援し，児童虐待の発生を防止するため在宅支援を強化すべきであるとしている。

　このように，市区町村には，専門的な相談援助と必要な調査，訪問等による継続的なソーシャルワーク業務が求められているのであるが，このことに対処するために設置を努力義務化しているのが，市区町村子ども家庭総合支援拠点であって，これは，リソースやサービスとつないでいくソーシャルワークの機能を担うものである。

（8）新しい社会的養育ビジョン

　これまでの子ども家庭福祉サービス提供体制は，子育て家庭への在宅支援と社会的養護に二元化されていた。しかし，厚生労働省の新たな社会的養育の在り方に関する検討会が2017（平成29）年8月2日に示した「新しい社会的養育ビジョン」によって，これまで分断されていた在宅支援と社会的養護は一元化され，両者が統合されることになった。

　「新しい社会的養育ビジョン」により，これからの社会的養育は，市区町村を中心とした地域支援を基盤として行われ，「家庭と同様の養育環境」が優先されることになる。また，施設養育の「小規模化」，「地域分散化」，「高機能化」が図られるとともに，実親による養育が困難である場合は，特別養子縁組による永続的解決（パーマネンシー保障）や，里親による養育が推進されるようになるのである。

---

3. 子ども家庭福祉の対象, 方向性, 枠組み, ソーシャルワーク

（1）子ども家庭福祉の対象

　子ども家庭福祉の対象に関して，山縣（2002）は，子ども家庭福祉サービスの4つのターゲットを示している（図11-5）。

　　第一は，もっとも早くから意識されていたと考えられる子ども自身の成長・発達の支援，すなわち子育ちの支援である。

　　第二は，親になるためあるいは一人の社会人としての生活の支援，すなわち親育ちの支援である。

　　第三は，親子関係の支援，すなわち子育て，親育てである。親子の信

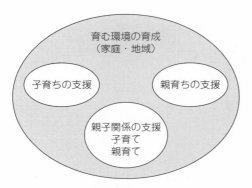

図11-5　子ども家庭福祉サービスのターゲット
出典：山縣（2002：36）.

頼および愛着関係の基礎形成が不安定ななかで，親としての成熟度はますます低下し，「親になりきれていない親」が，より多く出現することになる。虐待や放任という例外的と考えられていた状況が，一般の親のすぐそばにまで忍び寄っているということであり，子育てをする親を「育てる」という視点が必要となる。

第四は，これらの三つが存在する家庭および地域社会，すなわち育む環境の育成である。　　　　　　　　　　　　　　　　　　　　　（山縣，2002）

なお，保育士の役割に関して，「全国保育士会倫理綱領」には，「私たちは，子どもの育ちを支えます。私たちは，保護者の子育てを支えます。私たちは，子どもと子育てにやさしい社会をつくります」と記されており，「子育ち支援」「子育て支援」「地域育て支援」の役割が保育士の業務にあると明示されている。

（2）子ども家庭福祉の方向性

子ども家庭福祉の対象が明らかになってくると，子どもと子育て家庭をいかなる方向へ支援していくのかという次なる問題が浮かび上がってくる。

高橋（2007）は，親の子育て不安や育児ストレスの高まりによって引き起こされることもある児童虐待によって，家族・家庭が崩壊し，イルビーイング（ill-being：病理）が顕在化してきたときに，全体としての家族関係を健康化するために，個人や家族のウェルビーイング（well-being）を促進する方向へ向けられた，ファミリーソーシャルワーク等に基づいた，家族・家庭を支えるプログラムが必要となると指摘している（図11-6）。

子育てをしている親が，地域社会から孤立し，子育て不安やストレスの増大を引き金として，児童虐待やネグレクトなどを引き起こすことがある。こ

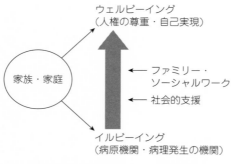

図11-6　諸刃の剣としての家族
出典：高橋（2007：4）.

うしたことのないように，子どもと子育て家庭のウェルビーイングを促進する方向へと社会的に支援していくことは，国民全体で取り組むべき社会的な課題である。また，子育て家庭を支援する専門職には，ファミリーソーシャルワークなどの専門的な支援を行うことが期待されている。

（3）子ども家庭福祉の枠組み

　子ども家庭福祉という概念については，柏女（2008）が，子ども家庭福祉とは，子どもを直接のサービスの対象とする児童福祉の視点を越え，子どもが生活し成長発達する家庭をも福祉サービスの対象として認識していこうとする考え方のもとに構成された概念であると述べている。

　また，山縣（2016）は，子ども家庭福祉に共通する要素と基本的枠組みについて，以下の4つを挙げている。

表11-2　山縣（2016）による子ども家庭福祉に共通する要素・基本的枠組み

①子ども家庭福祉において最も重要なのは，何のために子ども家庭福祉が存在するのかという存在意義と，どのような子ども像や社会像に基づいて，子ども家庭福祉の政策や実践を展開するのかという「援助観」である。
②福祉問題，生活問題，生活障害，生活困難など，「子ども家庭福祉が対象とする問題」。
③援助資源，サービス，福祉制度などと呼ばれる「問題を解決するための社会資源」。
④「問題と資源をつなぐ援助者（保育士，児童福祉司，民生委員，主任児童委員など）および援助技術（ソーシャルワーク，技術としての保育など）」。

　このうち，「問題と資源をつなぐ援助者および援助技術」の必要性について，同じく山縣は以下の5つを挙げている。

表11-3　山縣（2016）による問題と資源をつなぐ援助者および援助技術の必要性

①問題に気が付いていない状況
②問題に気が付いていても，資源を利用することを我慢している状況
③資源を利用したくても，資源がわからない，利用の仕方がわからない状況
④制度やサービスが複雑すぎて，何をどう利用できるかわからない状況
⑤利用しようとしたけれど，自分にあうサービスがない状況

　問題と資源をつなぐ援助者および援助技術が必要となる①～⑤について，

児童虐待の予防の観点から見ていくと，次のようになる。

　まず，①「問題に気づいていない状況」の一例として，たとえば，子ども
のしつけをする際に，叩くなどの暴力を用いることに問題がないと考えてい
ることが挙げられる。いわゆる子どものしつけにおいて愛の鞭は必要であり，
正当な行為であるという考えをもっている場合である。

　次に，②「問題に気が付いていても，資源を利用することを我慢している
状況」の一例として，子どものしつけの際に，つい叩いてしまうが，そうし
た自分の行為について，市町村，地域子育て支援拠点，保育所などに相談す
ることが恥ずかしく，相談の一歩を踏み出せずに躊躇していることが挙げら
れる。

　そして，③「資源を利用したくても，資源がわからない，利用の仕方がわ
からない状況」の一例として，子どもをどのようにしつけたらよいかわから
ず，困っているが，そうした子育てに関する相談をしたいが，いつ，どこで，
誰が，どのように行っているかわからないということが挙げられる。

　さらに，④「制度やサービスが複雑すぎて，何をどう利用できるかわから
ない状況」としては，たとえば，市町村によっては100を超える子育て支援
に関するサービスが提供されており，どのサービスを利用することができる
のかわからない場合などが挙げられる。

　加えて，⑤「利用しようとしたけれど，自分にあうサービスがない状況」
に関しても，そうした多様な子育て支援サービスの中に，自分が必要とする
サービスがない場合が挙げられる。

　このように，子育て家庭の抱える子ども・子育てに関する多様な悩みや問
題に対して，必要な資源やサービスへと確実につないでいく援助者と援助技
術が必要といえる。

（4）保育士がソーシャルワークを学ぶ必要性

　厚生労働省（2018）『保育所保育指針解説』の「第4章　子育て支援」では，
次のように記されている。

> 保育所における子育て家庭への支援は，このような地域において子どもや子育て
> 家庭に関するソーシャルワークの中核を担う機関と，必要に応じて連携をとりな
> がら行われるものである。そのため，ソーシャルワークの基本的な姿勢や知識，
> 技術等についても理解を深めた上で，支援を展開していくことが望ましい。
>
> 　保育士等は，一人一人の子どもの発達及び内面について理解と保護者の状況に

応じた支援を行うことができるよう，援助に関する知識や技術等が求められる。内容によっては，それらの知識や技術に加えて，ソーシャルワークやカウンセリング等の知識や技術を援用することが有効なケースもある。

　ここでは，とりわけ「ソーシャルワーク」ということがいわれていることに注目しなければならない。すなわち，子育て家庭への支援に際しては，「ソーシャルワークの基本的な姿勢や知識，技術等」についても理解を深めることが必要とされ，また，不適切な養育などが疑われる家庭への支援においては，「ソーシャルワーク等の知識や技術を援用することが有効なケースもある」ことが指摘されているのである。

　このように，保育士が，保育の専門性を生かしながら，ソーシャルワークの姿勢，知識，技術に関する理解を深め，支援を展開していくことが望ましく，ソーシャルワークの知識，技術を援用することが有効なケースもあるのである。才村（2005）も，地域における子育て家庭への支援においてソーシャルワークの取組みが強く求められていると主張している。したがって，保育士は，保育所を利用している保護者に対して行われる子育て支援と，地域の保護者などに対して行う地域子育て支援において，援用されるソーシャルワークについて学ぶ必要があるといえる。

（5）ソーシャルワークの視点

　保育士が行う子育て支援においては，まず，保育士の専門性や特性を生かすこと，次に，子どもの保護者が子どもの成長に気付き，子育ての喜びを感じられるように支援することが必要である。さらに，各地域や家庭の実態を踏まえ，保護者の気持ちを受け止め，相互の信頼関係を基本に，保護者の自己決定を尊重し，各自の役割分担を明確にし，保育所全体で，協働して支援する体制，すなわちチームワークを大切にした子育て支援を行うことが求められる。

　そして，子どもと子育て家庭の個別ニーズを把握して，専門機関・専門職へつないでいくことも必要となってくるのであるが，そのためには，子どもの育ちに関わるニーズ，子どもを育てている親の育ちに関するニーズ，子どもへの関わり方や親子関係に関わるニーズ，子ども・子育て家庭を取り巻く地域社会における社会制度・サービス利用に関するニーズなど，子ども・子育て家庭の個別ニーズを把握することが大切である。

　けれども，さまざまな要因が複雑に絡み合って生活上の問題が生じている子ども・子育て家庭の個別ニーズの把握は，たとえ高度な専門性を身につけ

た専門職でも容易ではない，むしろきわめて困難であることの方が多い。というのも，支援の必要性があるにもかかわらず，それを実感していないケースが存在するからである。したがって，そうした潜在ニーズを発見し，社会的判断と専門的判断によって，それに対処するソーシャルワークが求められることになる（山縣，2011）。

このように，いずれにしても，子育て家庭の抱えているニーズに対して適切なサービスを確実に提供し，利用できるようにするためには，子育て家庭とサービスを提供する機関との連絡・調整が行われなければならない。また，子育て家庭が持っているニーズが満たされるべく，さまざまな子育て支援事業・サービスを利用できるようにするためには，専門機関や専門職へつないでいく支援も行われる必要がある（芝野，2015）。

しかし，地域の子育て家庭の中には，そうしたサービスを利用できずに，地域社会から孤立し，児童虐待やネグレクトなどを引き起こしてしまうケースが見られる。子育て家庭が社会から孤立しないように，潜在ニーズを考慮して，個別のニーズを把握し，間接的に親と子を支援したり，直接家庭を訪問して支援したりすることが，切に求められるのである。

演習問題

1．「エンゼルプランと新エンゼルプラン」と「次世代育成支援対策推進法」の違いについて整理してみよう。
2．「地域社会から孤立し，支援が行われている場へ参加できない親子への支援」について考えてみよう。
3．児童虐待の予防の観点から，子どもと子育て家庭への支援において，問題と資源をつなぐ援助者および援助技術が必要となる状況について話し合ってみよう。

引用・参考文献

柏女霊峰（2008）『子ども家庭福祉供給体制——切れ目のない支援をめざして』中央法規.

柏女霊峰監修，全国保育士会編（2018）『改訂2版　全国保育士会倫理綱領ガイドブック』全国社会福祉協議会.

厚生労働省（2018）『保育所保育指針解説』.

新川泰弘（2016）『地域子育て支援拠点におけるファミリーソーシャルワークの学びと省察』相川書房.

新川泰弘（2018）「地域子育て支援拠点利用者の子育て環境と利用者ニーズとの

関連性―ソーシャルワークの視点から」『子ども家庭福祉学』18，1 -13.

新川泰弘（2020）「子育て支援ソーシャルワークのためのプログラム開発」『ソーシャルワーク研究』45（4）：37-44.

才村純（2005）『子ども虐待ソーシャルワーク論―制度と実践への考察』有斐閣.

才村純・加藤博仁編『子ども家庭福祉の新展開第二版』，同文書院.

才村純・芝野松次郎・新川泰弘・宮野安治編著（2019）『子ども家庭福祉専門職のための子育て支援入門』ミネルヴァ書房.

芝野松次郎（2015）『ソーシャルワーク実践モデルのD＆D―プラグマティックEBPのためのM－D＆D』，有斐閣.

高橋重宏（2007）「子ども家庭福祉の理念」高橋重宏・山縣文治・才村純編『子ども家庭福祉とソーシャルワーク第3版』有斐閣，2 -29.

山縣文治（2002）『現代保育論』ミネルヴァ書房.

山縣文治（2011）「子ども家庭福祉とソーシャルワーク」『ソーシャルワーク学会誌』21，1 -13.

山縣文治（2016）『子ども家庭福祉論』ミネルヴァ書房.

（新川泰弘）

人名索引

事項索引

執筆者紹介（執筆順，執筆担当，＊は編著者，編著者紹介参照）

＊芝野松次郎（しばの・まつじろう，関西学院大学名誉教授）第1章

＊宮野　安治（みやの・やすはる，元・関西福祉科学大学教授）第2章

　花岡　貴史（はなおか・たかし，京都保育福祉専門学院専任講師）第3章

　関谷みのぶ（せきや・みのぶ，名古屋経済大学教授）第4章

　渡邊　慶一（わたなべ・けいいち，京都文教短期大学教授）第5章

　室谷　雅美（むろや・まさみ，豊岡短期大学准教授）第6章

　本田　和隆（ほんだ・かずたか，大阪千代田短期大学准教授）第7章

　古　川　　督（ふるかわ・さとし，大阪芸術大学短期大学部准教授）第8章

　園　川　　緑（そのかわ・みどり，帝京平成大学准教授）第9章

＊山川　宏和（やまかわ・ひろかず，京都華頂大学准教授）第10章，

＊新川　泰弘（にいかわ・やすひろ，関西福祉科学大学教授）第11章

　コラム（執筆順，執筆担当）

　山川　宏和（やまかわ・ひろかず，京都華頂大学准教授）コラム1，6，7

　稲田　達也（いなだ・たつや，豊岡短期大学専任講師）コラム2

　大谷由紀子（おおたに・ゆきこ，摂南大学教授）コラム3，4

　栗山　直子（くりやま・なおこ，追手門学院大学准教授）コラム5

編著者紹介

芝野松次郎（しばの・まつじろう）

　　1983年　　シカゴ大学社会事業行政大学院博士課程卒業
　　　　　　　博士（社会福祉学）（シカゴ大学）
　　現　在　　関西学院大学 名誉教授
　　主な著書　『ソーシャルワークとしての子育て支援コーディネート——子育てコンシェ
　　　　　　　ルジュのための実践モデル開発』共著，関西学院大学出版会，2013
　　　　　　　『ソーシャルワーク実践モデルのD&D——プラグマティックEBPのための
　　　　　　　M-D&D』単著，有斐閣，2015
　　　　　　　『子ども家庭福祉専門職のための子育て支援入門』共編著，ミネルヴァ書房，
　　　　　　　2019

新川泰弘（にいかわ・やすひろ）

　　2008年　　関西学院大学大学院社会学研究科博士課程後期課程単位取得満期退学
　　　　　　　博士（人間福祉）（関西学院大学）
　　現　在　　関西福祉科学大学 教授
　　主な著書　『地域子育て支援拠点におけるファミリーソーシャルワークの学びと省察』
　　　　　　　単著，相川書房，2016
　　　　　　　『ソーシャルワーク研究におけるデザイン・アンド・デベロップメントの軌
　　　　　　　跡』分担執筆，関西学院大学出版会，2018
　　　　　　　『子ども家庭福祉の新展開　第二版』分担執筆，同文書院，2019

宮野安治（みやの・やすはる）

　　1975年　　京都大学大学院教育学研究科博士課程単位取得後退学
　　　　　　　博士（教育学）（京都大学），大阪教育大学名誉教授
　　　　　　　元・関西福祉科学大学 教授
　　主な著書　『教育関係論の研究』単著，溪水社，1996
　　　　　　　『政治教育と民主主義——リット政治教育思想の研究』単著，知泉書館，2014
　　　　　　　『子ども家庭福祉専門職のための子育て支援入門』共編著，ミネルヴァ書房，
　　　　　　　2019

山川宏和（やまかわ・ひろかず）

　　2002年　　佛教大学大学院社会学研究科博士後期課程単位取得満期退学
　　　　　　　修士（社会学）（佛教大学）
　　現　在　　京都華頂大学 准教授
　　主な著書　『社会的共同親と養護児童』ボブ・ホルマン著，共訳，明石書店，2001
　　　　　　　『社会的養護内容演習』共編著，建帛社，2017
　　　　　　　『子ども家庭福祉論』分担執筆，建帛社，2018

子ども家庭福祉入門

| 2020年 5 月25日 初版第 1 刷発行 | 〈検印廃止〉 |
| 2023年 3 月25日 初版第 3 刷発行 | |

定価はカバーに
表示しています

編 著 者	次 松 野 芝 新 宮 山 郎 弘 治 和 泰 安 宏 川 野 川
発 行 者	杉 田 啓 三
印 刷 者	中 村 勝 弘

発行所　株式会社　ミネルヴァ書房

607-8494 京都市山科区日ノ岡堤谷町 1
電話(075)581-5191／振替01020-0-8076

© 芝野，新川，宮野，山川ほか，2020　中村印刷・藤沢製本

ISBN 978-4-623-08854-6

Printed in Japan

子ども家庭福祉専門職のための子育て支援入門

才村 純・芝野松次郎・新川泰弘・宮野安治 編著　B5判　176頁　本体2200円

保育士養成課程の新科目，「子育て支援」「子ども家庭支援論」の教科書。児童福祉法，子ども・子育て支援新制度における地域子ども・子育て支援事業，保育所保育指針の改定における子育て支援などを踏まえて，子ども家庭福祉の理論と実践に関する専門的知識・技術と実践力を修得するために必要となる内容をわかりやすく解説する。

児童や家庭に対する支援と子ども家庭福祉制度［第3版］

才村 純・芝野松次郎・松原康雄 編著　B5判　280頁　本体2600円

今日の子どもと家庭が抱える様々な問題を整理して説明する。また，児童・家庭福祉に関する法律・制度を体系的に学び，ソーシャルワークの視点から，子どもや家庭への支援の理念と手法を説明する。

新版　よくわかる子ども家庭福祉

吉田幸恵・山縣文治編著　B5判　196頁　本体2400円

2002年に初版が刊行されてから，16年が経過した。その間に，貧困や虐待に関する問題など，子どもを取り巻く状況は大きく変わり，それに伴う法や制度，政策も大幅に変化してきた。本書は，2016年の児童福祉法改正も踏まえ，最新の子ども家庭福祉に関わる課題，法制度に沿って目次や執筆者を再構成し，より新しく，詳しく，わかりやすくした全面改訂版。重要トピックを見開きで解説しており，子ども家庭福祉の要点を網羅的に理解できる。

子どもの心を育てる新保育論のために──「保育する」営みをエピソードに綴る

鯨岡 峻 著　A5判　298頁　本体2200円

子どもの心の動きを真に問題にした「新しい保育論」を提言。「いつ，何を子どもたちにさせるか」という従来のカリキュラム的発想ではなく，子どもの心の動きに沿って保育者が対応するところを取り上げようとする立場から，子どもと保育者の関係性を軸にした「新しい保育論」の必要性を説きます。エピソードに描き出されるものこそ「保育する」営みそのものであるという考えのもと，本書では珠玉の34本のエピソード記述を紹介。保育者によるエピソードと著者による解説を読み解くなかで，"新たな保育のかたち"が見えてきます。

── ミネルヴァ書房 ──

https://www.minervashobo.co.jp/